HEIL CORONA

Klaus Jörg Ruff

Fuck, ich bin gesund!

Mein Besuch auf Bockwutcastle

Bibliografische Information der Deutschen
Nationalbibliothek: Die Deutsche Nationalbibliothek
verzeichnet diese Publikation in der Deutschen
Nationalbibliografie; detaillierte bibliografische Daten sind
im Internet über http://dnb.dnb.de abrufbar.

Herstellung und Verlag
BoD – Books on Demand, Norderstedt

ISBN: 978-3-7543-0465-5

Der Earl von Bockwutcastle hatte sich bereits vor vielen Jahren aus dem öffentlichen Leben zurückgezogen. Genau genommen in den Jahren der Weimarer Republik. Der edle, ursprünglich schuldenfreie Adel hatte abgewirtschaftet.

Der erste Weltkrieg ließ in Europa sozialistische Räterepubliken wie Pilze aus dem Boden schießen, denn die Menschen hatten die Nase voll von Ausbeutung und Krieg.

Lenin propagierte die Idee vom Selbstbestimmungsrecht der Völker und US-Präsident Wilson legte diese Idee seinen Friedensbemühungen nach dem 1. Weltkrieg zu Grunde.

Das Selbstbestimmungsrecht der Völker ist ein Grundrecht des Völkerrechts! Es garantiert, dass ein Volk, u.a. frei über seine Staatsform und seine wirtschaftliche, soziale und kulturelle Entwicklung entscheiden kann!

Mein Interesse für Geschichte und meine Fragen in der sich **überstülpenden Corona-Krise** waren es, die mich dazu bewegten, ihn, den Earl von Bockwutcastle zu besuchen.

Das **SARS-CoV-2 Virus ist ein gefährliches Virus**, vielleicht für 1 % der Bevölkerung. 2 % bis 4 % der intensivmedizinischen Kapazitäten wurden 2020, unter Beachtung großer regionaler Unterschiede, genutzt! Dennoch wurde der Teufel an die Wand gemalt.

Wie weit gehen sie? Gehen sie über Leichen?

Völlig abgeschirmt, nur durch eine winzige Pforte erreichbar, lebte der Earl mit seiner Familie, verborgen hinter riesigen Hecken, im Grunde genommen unsichtbar, in seinem kleinen Schloss.

Der wüste, dornige Bewuchs erinnerte mich an „Dornröschen".

Ein Ziergiebel mit dem vergoldeten Wappen der Familie, verwies heraldisch auf sein königliches Blut und eine weit über tausendjährige Geschichte.

Vielleicht fände ich hier Antworten, außerhalb der über Medien gesteuerten Welt. Immerhin ging es in der Corona Pandemie um Leben und Tod.

Die Angst vor dem Virus und die Suche nach Antworten in der weltweiten Krise spaltete die Gesellschaft wie kaum zuvor.

Ich hatte über einen gemeinsamen Freund vom Earl von Bockwutcastle erfahren, mich via E-Mail angemeldet und dem Earl mein Anliegen geschildert.

So stand ich nun vor dieser kleinen hölzernen Pforte, die mich eher an eine billige Baumarkttür erinnerte.

Ein kleines Loch mit einem metallischen Ring ließ mich vermuten, dass sich darinnen, in diesem tiefen Loch, ein Klingelknopf befände. Zögerlich steckte ich, eher etwas ängstlich, meinen Zeigefinger hinein, spürte die Oberfläche eines kleinen Knopfes und drückte.

Ein Feedback war nicht zu vernehmen und so wartete ich. Es passierte nichts. Gerade als ich bereits mehrmals den

Knopf gedrückt hatte, hörte ich eine angenehme Stimme: „Ist da jemand?"

„Ja", antwortete ich.

„Sorry, war im Hühnerstall die Eier holen! Einen Moment bitte".

Ich vernahm das Klappern eines großen Schlüsselbundes, dann das Geräusch eines Riegels und die kleine, etwas schräg eingebaute Tür pendelte mir, den Gesetzen der Gravitation folgend, entgegen, sodass ich einen Schritt zurücktreten musste und fast über eine aus dem Boden ragende Wurzel gestürzt wäre.

„Geben Sie acht, da ist eine Wurzel!"

Freundlich lächelnd, mit einem: „Herzlich Willkommen auf Bockwutcastle!" und einer leichten Verbeugung, bat er mich hinein, wobei der kleine, gemauerte und langgezogene Gang, welcher sich nach dem Öffnen der Tür auftat, so schmal und dessen Überdachung so niedrig war, dass wir nur nacheinander gehen konnten und ich den Kopf lieber etwas einzog.

„Passen Sie bitte mit Ihrem Kopf auf. Sie wären nicht der Erste!"

Der Eingang zum Laubengang vor dem Haus war noch schmaler und ließ vermuten, dass etwas beleibtere Zeitgenossen den Earl auf diesem Wege nicht besuchen konnten.

Als hätte er meinen Gedanken geahnt, deutete er mit der Hand auf einen Weg der jenseits eines großen Teiches und hinter kleinen Fachwerkgebäuden entlang, zur gegenüberliegenden Seite des Laubenganges führte, dessen Durchgang etwas breiter war.

„Kommen Sie"!

Wir betraten das Wohnhaus des Earls und seiner Familie. Gleich der erste Raum, mit einem schönen Blick durch zwei über die Zimmerecke eingebaute Fenster, deutete auf einen besonderen Lebensstil.

Während ich durch das eine Fenster den durch üppigen und freien Bewuchs geprägten Garten und den schmalen Gang an der Pforte sehen konnte, eröffnete sich dem Betrachter auf der anderen Seite ein herrlicher Blick unter dem Laubengang hindurch, auf den großen Teich, mit seinen kleinen, märchenhaften Gebäuden ringsherum.

Ein kleines gelbes Schild mit dem Abbild einer Eule, signalisierte ein besonderes Leben.

Auffallend erschien mir die paradiesische Anordnung, in der das Wasser der Mittelpunkt allen Lebens und der Mensch am Rande mit seiner Behausung platziert wurde.

Auf der gegenüberliegenden Seite des Teiches, hinter einem gepflasterten Weg, begrenzte eine lange Klostermauer mit Dachsteinen gedeckt, den Blick.

Überhaupt konnte man von hier drinnen keine nachbarlichen Gebäude sehen.

Nur der Himmel wölbte sich, mich an ein Planetarium erinnernd, schützend über das bescheiden anmutende Anwesen.

Im Raum selbst stand ein langer schwerer Tisch aus Eichenholz und darum sieben Stühle.

Das Mobiliar erinnerte an ein Speisezimmer das allerdings weniger von gutem Geschirr als von einer Vielzahl von Büchern gezeichnet wurde.

Die Decke war mit einheimischen Vögeln bemalt und von fein strukturiertem, eichenholzfarbigem Stuck eingefasst. Aus dem gemalten Himmel erhob sich in der Raummitte ein Dom mit vergoldeten Rand, aus dem ein hölzerner Kronleuchter die Mitte der Tafel markierte.

Ein Ofen mit grünen Schlosskacheln ließ für kühlere Tage Gemütlichkeit vermuten.

„Das ist der Rest!" Er breitet die Arme aus, zeigte hinaus in den Garten und zog mit der Hand einen Kreis.

„Der Rest?"

„Ja, unsere Familie ist sehr alt. Einst bekamen wir von unserer Kaiserin Land. Übrigens war sie ihrem Gemahl, Kaiser Otto dem Großen, völlig gleichgestellt.

Wir organisierten die Arbeit und entwickelten die Marktgemeinden. Jahrhunderte konnten wir uns davon ernähren. Doch dann kam Barbarossa, dann Napoleon und dann „die" hier, enteigneten und beliehen alles.

Wer das meiste Geld hat und am besten bescheißt…das können Sie sich an fünf Fingern abzählen, dass dies einmal ein Ende haben wird. Die Märkte werden größer, sind umkämpft und beginnen zu rotieren. Ein teurer, auch noch überschuldeter Reichtum. Ein Reichtum der uns nicht so richtig gehört? Ein ständiger Kampf um die Kreditwürdigkeit ".

„Schulden, Schulden, Schulden!"

„Es ist sehr interessant, dass sich die Menschen, im Prinzip Tag und Nacht mit der Corona Pandemie beschäftigen und nicht wahrhaben wollen, dass es um ihre Ernährung und ihr Überleben geht.

Die Menschheit sitzt in einem Auto und spürt keinen Gegenwind. Wir alle fliegen mit 160 Tausend durch das All und die ganze Galaxie mit Millionen Kilometer pro Stunde. Und, merken wir davon etwas? Nein.

Genauso verhält es sich mit Corona. Wir leben in einer gestreckten Wirtschafts- und Finanzkrise, in einem weltweiten Kampf um die Vorherrschaft auf unserem Planeten, wenn Sie wollen, in diesem Auto, mit dem wir dahin rasen.

Die Menschheit bindet, trotz zunehmender Rohstoffermanglung, unglaubliche Mengen an Ressourcen in Vernichtungswaffen und die Lenker unseres Lebens sehen in der Wachstumsgesellschaft die Lösung des Bevölkerungsproblems.

Die meisten Menschen arbeiten instinktiv an ihrer Insellösung und es ist beängstigend, wie sehr sie medienabhängig geworden sind. Es ist eine sehr gefährliche Entwicklung, vor allem dadurch, dass die wichtigsten Medien von Politikern und deren Auftraggebern gesteuert werden. Hinzu kommt, dass die Menschen sich einbilden über diese Medien in kürzester Zeit, in

Sekundenschnelle, umfänglich informiert zu werden. Es bedürfte eines anderen, intelligenteren Lebensstils, um in dieser globalisierten Welt nur ein wenig Schritt zu halten.

Fehlt nur eine Information oder ist der Mensch einer Falschmeldung aufgesessen, hat er ein falsches Bild und geht den falschen Weg.

Ebenso verhält es sich mit der Schulbildung, dem Überspringen von Inhalten oder den politisch motivierten Geschichtsfälschungen. Eine einzige Information kann ein Weltbild zerstören oder festigen, in Euphorie oder Wahnsinn umschlagen.

Nehmen wir aus eigenem Erleben ein triviales Beispiel. Ungarn war von COVID-19 stark betroffen. Anders als in Sachsen war die Pandemie dort erlebbar. Gleich einer Grippewelle grassierte das Virus durch die Dörfer. Die Sterblichkeit hielt sich jedoch auch hier in Grenzen. Jeder kannte einen Erkrankten, mal leichter, mal schwerer, hin und wieder auch einen Toten, der mit COVID in Verbindung stand. Trotz des auch hier angewandten Prämiensystems für Corona Kranke und Tote, brauchte es ebenso die Unterstützung der Medien, um die Pandemie in den Hirnen der Menschen als solche zu platzieren.

Ungarn ist ein Land der Europäischen Union und wurde als Risikogebiet eingestuft. Es hat mit Beginn der Pandemie sofort auf strenge Einreisebestimmungen gesetzt. Wörtlich heißt es bis heute:

„Die Einreise ist für u.a. Deutsche grundsätzlich nicht möglich. Ungarn führt strenge EU-Binnengrenzkontrollen durch. Einreisen können grundsätzlich nur noch ungarische Staatsangehörige. Diesen gleichgestellt sind Personen, die in Ungarn zum permanenten Aufenthalt berechtigt sind und deren Familienmitglieder und Personen, die über eine von der Ausländerbehörde ausgestellte, für mehr als 90 Tage geltende Aufenthaltsgenehmigung für Ungarn verfügen.

Alle Einreisenden sind auch ohne behördliche Anordnung zu unmittelbarer 10-tägiger häuslicher Isolation verpflichtet, bei Verdacht auf eine Infektion wird die Unterbringung in bestimmten Quarantäneeinrichtungen angeordnet. Aus der häuslichen Isolation kann entlassen werden, wer zwei negative PCR-Tests ungarischer Labore vorlegt, die innerhalb von fünf Tagen mit einem Zeitunterschied von mindestens 48 Stunden vorgenommen wurden.

Die **Einreise** ist grundsätzlich **ohne Einschränkungen**, Sondergenehmigungen, **Hausisolation/Quarantäne oder Testpflicht** gestattet für (jeweils mit entsprechenden Nachweisen):

- Grenzpendler in einer bis 30 km von der Grenze entfernten Zone für maximal, 24 Stunden,

- **Ungarische, polnische, tschechische und slowakische Staatsangehörige im Reiseverkehr zwischen diesen Ländern, …"**

Der Deutsche darf also nicht, die Polen, Ungarn, Tschechen und Slowaken ohne jegliche Corona Maßnahmen, wenn sie aus diesen Ländern kommen!

Jetzt frage ich, was für ein Bild malen Ihre grauen Zellen, angesichts dieser Tatsache. Ich fuhr mehrfach während der Pandemie von Deutschland nach Ungarn und umgekehrt und kann bestätigen, dass es genauso abläuft. Die Menschen oben genannter Staaten werden durchgewunken, während ich kontrolliert werde. Meine Einreiseberechtigung beruht auf Papieren, die einem Diplomatenpass gleichgestellt sind. Also hatte ich und meine Familie freie Einreise. Ungarn verimpft russischen Sputnik V und chinesischen Sinopharm Impfstoff. Damit dürfte auch geklärt sein, ob China das Virus mutwillig in die Welt setzte und selbst so schnell der Pandemie entwachsen ist. Wir, der Rest der EU, hätten also, gesetzt den Fall, nur den gleichen Wirkstoff wie China verwenden müssen und wir wären aus der Nummer raus, wenn die Behauptung richtig wäre.

An dieser Stelle sei noch ein nationaler Schwerpunkt gesetzt, der für die Betrachtung der Krise von großer Bedeutung ist.

Die Finanzkrisen seit den neunziger Jahren führten zu hoher Arbeitslosigkeit, die durch allerlei Neudefinierung umgeschwindelt wurde. Was aber blieb, waren die damit einhergehenden **Verluste auf der Einnahmenseite der Krankenkassen** und zusätzlich der Griff des Staates in die Kasse zum Zwecke der herbeigezauberten schwarzen Null.

Somit stiegen die Beiträge und die **Privatisierung im Gesundheitswesen** wurde vorangetrieben.

Bei den privatisierten Betten hat Deutschland die USA überholt. „…Zeitgleich wurde ein neues Vergütungssystem in den Krankenhäusern eingeführt, dass die Höhe der Vergütung von der Schwere der Erkrankung und dem Aufwand der therapeutischen Maßnahmen abhängig machte, die Diagnosis Related Groups (DRG), oder auf Deutsch: Diagnosebezogene Fallgruppen.

Diese Umstellung hatte und hat bis heute enorme Auswirkungen. Die Liegezeit von Kranken wird nun mit allen Mitteln reduziert, die Fallzahlen werden mit allen Mitteln erhöht und die **Diagnosen werden so stark wie möglich dramatisiert, um in einer höhere Bezahlgruppe der DRG zu gelangen**.

Aus diesem DRG-System ergibt sich wiederum der Case Mix Index.

Der Case Mix Index ist der Durchschnitt aller DRG, die ein Krankenhaus gegenüber den Kassen zur Abrechnung bringt. **Je höher der Case Mix Index, desto höher die Vergütung.** Erreicht eine Klinik den von der Geschäftsleitung vorgegebenen Case Mix Index nicht, droht Unterfinanzierung, was bedeutet: Verkauf oder Schließung.

Das führt zu einem enormen Druck der Geschäftsleitungen auf Ärzte und Pflegepersonal. Diese werden zu einem ökonomischen Denken in Gewinn- und Verlustkategorien gezwungen und verlieren dabei notgedrungen den eigentlichen ärztlichen und pflegerischen Auftrag immer mehr aus dem Auge…

In einfachen Worten kann man das so dechiffrieren: **Nicht mehr der Kranke ist Gegenstand der Medizin, der Heilkunst, sondern die Krankheit ist Gegenstand eines Programms; um es genau zu sagen: eines profitablen Wirtschaftsprogramms. Das ist die Konkretion der Verwandlung des Gesundheitswesens in eine Gesundheitswirtschaft.**

Und um diesen Vorgang wirksam zu vernebeln, braucht es auch weiterhin die Märchen von der Kostenexplosion und von der Alterslawine, schieb Dr. med. Bernd Hontschik, Autor des Bestsellers „Körper, Seele, Mensch" und Herausgeber der Reihe "medizinHuman" im Suhrkamp Verlag.

Diese Gesundheitswirtschaft ist auf Gewinnerzielung, Wettbewerb und Wachstum gerichtet. In der Corona–Krise sind auch deshalb viele Krankenhäuser auf finanzielle Unterstützung vom Staat angewiesen. „Im Fallpauschalensystem gibt es keine ausreichenden Mittel, um mit einer Krise zurechtzukommen – und schon vor Corona haben sich viele Krankenhäuser in Insolvenzgefahr befunden. Wenn nicht der Wille bestünde, außergewöhnliche Finanzierungshilfen zu gewähren, würden gerade viele Kliniken vom sogenannten Krankenhausmarkt verschwinden", erklärt der Gesundheitsforscher Karl-Heinz Wehkamp, Arzt und Soziologe, Professor für Public-/Global Health und Gesundheitsethik in der TAZ während der Krise.

Für diese Entwicklung steht Merkel und ein kleiner Zirkel, Politiker, die jetzt versuchen, aus der Zunahme von Infektionskrankheiten Kapital zu schlagen und sich politisch als Retter darzustellen! Die Wahrheit ist, sie sind schuldig und müssten zur Verantwortung gezogen werden.

Der Grund allen Übels, die Umstrukturierung des Gesundheitswesens in eine Gesundheitswirtschaft, soll verschleiert werden.

Merkel hat, fünfzehn Jahre gespart und gespart, und es hatte einen Grund. Sie braucht das Geld für den Rückzug. Wer fragt danach, wo jetzt auf einmal das viele Geld herkommt. Schulden über Schulden, einfach so.

Im Grunde genommen ist es wie um den 1. Weltkrieg. Wir, die Deutschen, arbeiteten fleißig und nun zahlen wir dafür! Warum? Unser EU - Binnenmarkt bröckelt. Hausgemacht!

Wir arbeiten länger, bekommen weniger Rente, China speit die Pest, die solide Haushaltpolitik stürzt in die Untiefen menschlicher Skrupellosigkeit und es herrscht Wortklauberei, Denunzierung und ein medieninszenierter Impf -Enthusiasmus, welcher unsere wahren Probleme ausblendet.

Vom Historiker bis zum Lehrbuch für Geschichte, alles ordnet sich dem Fiskus unter und dient letztendlich ihm und allen die sich daran laben. Geschichte wird nicht zwingend von den Siegern geschrieben, sondern von den Bevorteilten. Dazu gehören historisch auch Verlierer. Nehmen sie die Kirche oder den Adel. Beide enteigneten sich gegenseitig und wurden letztendlich zu Verlierern, auch wenn Teile von ihnen fortleben, jedoch in höchster Abhängigkeit von Kanzlers Gnaden und jenen die heutzutage den Fiskus darstellen. Kurz gesagt, immer wenn sie aufbegehren, bekommen sie eine mit dem Bello und wenn sie sich nicht mit Geschichte und dem Fiskus beschäftigen, dann wissen sie nicht einmal warum. **Sie sitzen in einem Zug, von dem Sie nicht wissen, wo er hinfährt. Freiheit?**

Die völkerrechtliche Souveränität eines Staates und seiner Finanzen verliert sich im weltweiten Ringen um Macht. Privatpersonen und fiskale Clans, Investmentgesellschaften, Hedgefonds u.a. beherrschen die Welt. Unsere Freiheit, unsere Rechte, nun auch unsere Bewegungsfreiheit, werden von diesen Menschen bestimmt. **Regierungen unserer Welt sind allesamt nur noch Marionetten – Regierungen.**

Kriege, eine „Wende" oder auch eine Einwanderungswelle waren bisher das beste Mittel vorhandenes Recht außer Kraft zu setzen und in die Besitzrechte der Menschen einzugreifen. Denn immer dann, wenn der Fiskus ein höheres Schuldenlevel benötigt, also überschuldet ist, man sagt auch abgewirtschaftet hat, verstehen Sie, beginnt er einzugemeinden, wenn nötig mit Gewalt oder eben der Aussetzung von verbrieften Rechten. Der Fiskus überrumpelt sein Volk. Das war und ist nie und nimmer eine Demokratie.

Die wunderbare Idee eines vereinten Europas verkommt, angesichts der uns beherrschenden Minderheit, zu einer Eingemeindung, zur Rechtfertigung höherer, verfassungswidriger Schulden, zu einer Schuldenunion.

Würde das Ihnen Ihr hochverschuldeter Nachbar anbieten, würden Sie ihm einen Vogel zeigen.

Als Reichspräsident Hindenburg, ein führender General des 1. Weltkrieges, 1930 Heinrich Brüning als Kanzler einsetzte, diente er der gleichen Lobby wie jener des Weltkrieges. Mit dem Rücken zur Wand verhinderte er jene Kräfte, die eine Vergesellschaftung der großen Banken und Konzerne ins Auge fassten, so wie es in der Gegenwart zum Beispiel Berni Sanders mit seiner Bewegung „democratic socialism" in den USA und Jeremy Corbyn mit seiner linksradikalen Agenda bei der Wirtschafts- und Sozialpolitik in England, versuchten, jedoch scheiterten.

Schauen Sie nach England. Dort ging es seit vielen Jahren abwärts! Wirtschaftskrisen, sinkender Lebensstandard und Massenintegration. Eine total verfahrene Kiste, geprägt von wirtschaftlichem und politischem Verfall. Ein Weltreich hinkte europäischen Miniländern hinterher. Ein Land, in dem die Wiege des Parlamentarismus stand, war Opfer jenes selbstzerstörerischen Mechanismus, der dem Kapitalismus innewohnt, wie es der „Spiegel" einmal formulierte. Mit was ist Boris Johnson denn angetreten? Übrigens zu einem Zeitpunkt als die Menschen von Corona, ausgenommen jene in den Regierungen und Parlamenten, keinen blassen Schimmer hatten. Er trat an und sagte, wir bauen das Land neu auf! Wir werden unser staatliches Gesundheitssystem ausbauen, wir werden digitalisieren, wir werden aus fossilen Brennstoffen aussteigen und klar wir werden uns der EU nicht unterwerfen und nicht zu einer unfreien Ordnung übergehen. Eine klare Ansage, dass es so nicht weiter gehen kann und ein Ansatz oder Neubeginn.

Nicht wenige Politiker in Europa wollten alles so belassen wie es ist und sahen ihre Aufgabe darin, die Menschen in ein Theaterstück einzubinden, als Darsteller oder Zuschauer und die Linken glauben heute noch an einen friedlichen und gesetzmäßigen Übergang zum Sozialismus und damit daran, das Übel an der Wurzel zu packen.

Deshalb sitzen sie auch im Parlament maulend herum und warten auf ihren Messias.

Der Fiskus in den USA war also am 1. Weltkrieg genesen. An dieser Stelle müssen wir noch mal ansetzen. Die Stahlindustrie erlebte damals mit der Lieferung von Kriegsschiffen und Waffen einen Aufschwung, der andere Wirtschaftszweige mit sich zog. Die Vereinigten Staaten übernahmen die Führungsrolle des Wirtschaftssystems.

Interessant im Vergleich zum 2. Weltkrieg und zur Gegenwart, ist die Tatsache, dass sich die europäischen Staaten während des Krieges, also während einer Krise, dem Höhepunkt einer gefährlichen Konfliktentwicklung, von den USA Geld borgten und dieses nach dem Krieg zurückzahlen mussten. Damit stieg New York zum bedeutendsten Finanzzentrum auf. Dort floss die Kohle hin.

Die Nachfrage blieb seinerzeit auch aus. Und heute? Wenn hier unweit von uns ein Schuhgeschäft kaum Schuhe verkauft, die Verkäuferin, wir nehmen einfach mal an, Kinder hätte und ihr Einkommen auf Grund des gesättigten Marktes 400 € nicht übersteigt, sie, als die im Schuhgeschäft arbeitende, über eine „Harz"-Stufe Schuhe für ihre Kinder finanziert bekäme, so wird doch deutlich, dass der alles bestimmende Kreislauf des Geldes, über Arbeit, Lohn, Steuern, Rückzahlung von Schulden und Neuverschuldung im Grunde genommen unterbrochen wird. Wenn in dieser Branche, natürlich auch in Kneipen, Restaurants usw. kaum steuerpflichtiger Umsatz oder Wachstum generiert wird, dann steht das System vor einem Dilemma. Das ist auch so wenn der Atomstrom fast nichts mehr kostet oder wenn sie mit Steuergeldern nach Kohle buddeln lassen. Mist, oder? Dann muss das alles einfach weg. So eine Steilvorlage wie Fukushima bekommen sie nicht alle Tage. Geraten systemrelevante Unternehmen der Industrie in diesen Strudel, ist die Krise ernst.

Legen Sie das bitte nicht auf die Goldwaage! Wir haben selbst eine bäuerliche Vergangenheit. Aber, wenn der dümmste Bauer durch einen Mercedes – Stern auf seiner Motorhaube auf die Welt stiert und diese Welt danach beurteilt, dann weiß ich wirklich nicht, warum ich mir den Buckel krumm machen soll.

Er lebt nicht in einer Luxusblase, sondern fährt wie wir alle, direkt oder indirekt beteiligt, um einen Schuldenberg herum, dessen Umfang immer größer wird! Wir fahren im Kreis, grad so, als wenn wir uns verfahren hätten. Auch wenn Tonnen von Rohstoffen aus dem All täglich auf der Erde aufschlagen, **das Tempo, mit dem wir die Speisekammer leerfressen ist ruinös.**

Sie sehen es täglich im Fernsehen. Die Investoren, zunehmend auch Kleine, in der Geschichte bisher immer die künftigen Opfer, legen ihr Geld an, um es zu mehren oder den Wert zu halten. Platzt die Blase, also der aufgeblähte Markt, ist es wieder so weit. Es entsteht - in der Not ist sich jeder selbst der Nächste – eine gefährliche Konfliktsituation. Banken beginnen, die Zahlungsunfähigkeit vor Augen, ihre Anleihen zurückzuziehen und treiben damit die Wirtschaft und ganze Länder in den Ruin, da die Investitionen langfristig angelegt und nicht sofort abgelöst werden können.

Die Weltfinanzkrise ab 2007 hatte schwere Folgen. U.a. kam es zu einem Bankenansturm, Anleger wollten ihr Geld zurück, und es folgte eine Kreditklemme, wie sie der klassische Bankensektor zuletzt in der **Weltwirtschaftskrise 1929** erlebt hatte. (Quelle: Paul Krugmann, The Return of Depression Economics and the Crisis of 2008 S. 170-172)

Brüning hatte 1930 keine Mehrheit im Reichstag und gestützt auf die Vollmachten des Reichspräsidenten, setzte er die Notverordnung in Kraft! Anschließend löste er den Reichstag auf und entmachtete so das Parlament. Die Regierung Brüning war somit eine Präsidialregierung.

Sehen sie und schon sind wir in der Gegenwart. Die Regierung der Kanzlerin Merkel hat über Jahre auf diesen Crash hingearbeitet, sich von einer Finanzkrise zur nächsten gehangelt, auf dem europäischen Binnenmarkt und in der Phase, **der gigantische Ressourcen verschlingenden,** Globalisierung abgesahnt und auch für sie wurde die Luft immer dünner. Um denen zu dienen denen sie dient, musste eine Konstellation der politischen Kräfte geschaffen werden, um den Krisenablauf in der Gegenwart zu beherrschen und das so demokratisch wie möglich.

Mit der brachialen Konfrontation Deutschlands und Europas mit einer einladenden Einwanderungspolitik, wurden nicht nur konservative Kräfte nach rechts außen und mit der Mittelpunktstellung linker und grüner Themen, bis hin zu schwachsinnigem Schnulli, deren Anhänger in ihr Fahrwasser verschoben, um das nur sehr kurz anzumerken. Sie selbst rückte nie nach links.

Sie wollte alle in einem Boot und einen der absäuft oder dem sie die rechte Ecke zuweisen kann, das ist alles.

Mit der aufkommenden Notwendigkeit des Kampfes gegen den Terrorismus und gegen „Rechts" stieg die Akzeptanz der Wähler, die Polizei und Bundeswehr umzubauen und die Menschen zu überwachen.

Diese organisierte Einwanderung war für die meisten Menschen, die von Ordnung etwas halten, starker Tobak. Alles was ihnen heilig war, stank zum Himmel. Sehen Sie sich das Chaos doch an. Nach Berlin ziehen mich keine zehn Pferde mehr. Merkel bediente sich des radikalen Gesindels und machte unbescholtene und fleißige Bürger zu Nazis.

Auf der einen Seite wird der Geld- und auf der anderen Seite der Scheißhaufen immer größer!

Jean-Claude Juncker, einst Präsident der Europäischen Union, bezeichnete Merkels Entscheidung zur Grenzöffnung, als Rettung der Ehre Europas.

Man kann es auch einfacher sagen: **Der Krieg kommt zurück!** Nur wessen Krieg kommt zurück? Für wessen Interessen und für wessen Geldbeutel müssen die Bürger ihren Kopf hinhalten?

Auf beiden Seiten sterben Menschen!

Die Grenzöffnung war genau genommen ein Staatsstreich. Eine kleine Gruppe von Politikern übernahm die alleinige Macht und entschied! Googeln Sie das nach, wenn Sie nicht zu faul sind, und Sie werden sehen, dass es so ist.

Merkel und einige wenige haben gegen das Völkerrecht verstoßen. Einmal gegen das Recht des deutschen Volkes und zum zweiten gegen das Recht von fünfhundert Millionen EU – Bürgern auf kulturelle und soziale Selbstbestimmung. **Merkel und eine Hand voll Politiker haben unser Leben dauerhaft verändert, ohne die Menschen zu fragen.** Übrigens griff diese kleine Gruppe von Politikern auch in das Absolute Recht ein, in Persönlichkeitsrechte, Besitzrechte usw. Das bedeutet u.a., trotz höherer Effektivität unserer Arbeit werden wir ärmer.

Merkel mit Hitler zu vergleichen ist natürlich historischer Unfug. Aber politisch steht sie ihm näher als es ihr lieb sein dürfte.

Mit ihren Regeln und Vorschriften in Europa, deutschen Standards und, Sie erinnern sich doch hoffentlich, wie ihr Generalsekretär sagte: „... in Europa spricht man deutsch", war das Maß voll. Sie erhob sich über andere und auf einigen Fotos sieht es so aus, als würde sie anderen Staatschefs die Leviten lesen. Zumindest haben sie die deutschen Medien so dargestellt. Das ist schon heftig.

Mit Obama hat Merkel die Führungsrolle Deutschlands in Europa abgeschwatzt. Obama war es, der Merkel

diese Rolle übertrug. Ganz offiziell. Dem hätte ich nicht ein einziges Wort geglaubt! Hitler bekam von den USA den Booster für sein „Geschäftsmodell Rassendiskriminierung" gespritzt. Die USA haben Europa schon zweimal gespalten und sind als finanzieller Sieger vom Platz gegangen.

Was bleibt denn vom lebenswichtigen Föderalismus übrig, wenn in Europa Länder durch den Euro ruiniert werden. Dann erstarkt „rechts" und das nicht, weil die Leute Nazis sind, sondern weil sie die Schnauze voll haben. Sie haben es satt mit irgendeinem Kauderwelsch zugelabert zu werden. Was passiert, wenn die USA und China weltweit Rohstoffe aufkaufen, sich im Wirtschaftskrieg befinden? Was geschieht, wenn sich US-Präsident Biden auf das amerikanische Wirtschaftskriegsrecht beruft, während wir hier die Inzidenzen vorgelesen bekommen. Das ist hier wie in einer Klapsmühle! Wem schadet es? Wer ist wieder der Gewinner? Diese beiden großen Länder haben einen großen eigenen Markt. Wir dagegen sind exportorientiert und produzieren zu einem großen Teil dort, wenn Sie so wollen unter Fremdherrschaft.

Merkel erweckt, ähnlich wie 1933, den Eindruck einen Mitsch - Matsch aus Kapitalismus und Sozialismus, zwischen Markt- und Planwirtschaft installieren zu wollen. Wie schon Hitler zog sie damit linke Wähler in ihren Bann. Ihre Einsilbigkeit ist legendär. Jeder möge sich den Rest dazu denken…, verstehen Sie?

Um aber nicht mit den Nationalsozialisten historisch im Hinterzimmer zu landen, peitscht sie „Gender", Ehe für alle, Frauenquote, Einwanderung usw. durch und, das ist schon pure Verzweiflung, sie spannt einen militärischen Rettungsschirm über Israel auf.

Entweder sie durfte während ihres Studiums das Fach Gesellschaftswissenschaften abwählen oder sie musste immer Kreide holen. Merkel blieb, ihrem Arbeitsvertrag treu, gar nichts anderes übrig als die Knute rauszuholen, den Rechtsstaat mit ihren eigenen Anhängern zu besetzen und unter die eigene Fuchtel zu stellen. **Das ist so, wenn man alternativlos regiert, sich einer Ideologie bedient, den europäischen und nun auch den deutschen Föderalismus ruiniert, das Volk nicht fragt und allwissend ein Land, gar einen Kontinent umgestalten will. Bei Hitler sagen sie er war verrückt.**

Wieder ein einfaches Beispiel, wieder Ungarn.

Als die Sozialdemokraten und Postkommunisten Ungarn regierten, verschuldete sich das Land gnadenlos. Zu dieser Zeit zog es tausende ungarische Gastarbeiter zurück in die Heimat. Sie folgten nicht dem Lockruf des Goldes, sondern dem **Lockruf der Schulden.** Dann kam die große **Weltfinanzkrise 2008, als Teil der Weltwirtschaftskrise 2007,** und die Enkel mussten die Elternhäuser samt Großeltern verkaufen. Noch heute stehen viele Häuser zum Verkauf.

Wieder folgten die Ungarn dem Lockruf und haben zu tausenden die Heimat verlassen. Sie gingen nach Deutschland, England, Frankreich usw.

Als Ersatz sollte Ungarn, den Vorstellungen der „großen Lenker" entsprechend, Menschen aus anderen Erdteilen aufnehmen. Merkels damalige Ermahnung an Orban: Er solle doch endlich sein Land frei zum Verkauf anbieten!

Da wir hier - rein in die Globalisierung und raus aus der Globalisierung – betreiben, mehr Studieren und wieder weniger Studieren fördern, wissen wir überhaupt nicht welcher IQ und welche Spezialisierung demnächst auf dem Markt benötigt wird. Wir wissen nicht, wie viele Fußballer wir aus aller Herren Länder einkaufen müssen, um die 20 davon zu ermitteln, welche das Geld bringen. Wir wissen nicht, wie viele Flüchtlinge wir einwandern lassen müssen, um jene dabei zu haben, welche die Lücken auf dem qualifizierten Arbeitsmarkt schließen können.

Ich habe hier einen Handwerksbetrieb und wir können das eins zu eins übernehmen. „Ich" zeuge, gebäre, ziehe groß, bilde aus und dann folgt die Jugend dem Ruf des Geldes und der Schulden, weil sie hier auf keinen grünen Zweig kommen, und fort sind sie. Politiker regulieren nach Belieben die Arbeitskräfteströme. Was auf dem Gefechtsfeld zurückbleibt ist verbrannte Erde.

Was ist das für ein System? Genau genommen ist es ein Krieg.

Merkel stand genau für diese Politik!

Klicken Sie sich in einer ruhigen Minute durch die Schlüsselpositionen von Staat, Kirche, Gerichten, Bundesbank, ich muss das nicht alles aufzählen und wann diese Leute in ihre Ämter gehoben wurden. Sie steht im braunen Sumpf und regiert diktatorisch. Sie muss sich also nicht wundern, wenn sie mit Hitlerbart dargestellt wird.

Mit entsprechendem Druck auf die Regierungspartner und die Fraktionen hat die Kanzlerin unter dem großen Überbegriff Corona ein Notstandsgesetz durchsetzen können und die Grundrechte sowie die Verfassung, auf scheinbar demokratischem Weg, ausgehebelt.

Da gab es eine namentliche Abstimmung und keine geheime Wahl. Die wenigsten Abgeordneten kommen als Freie, also die Mehrheit von denen über eine Liste, in das Parlament. Wer gegen den Strom schwimmt, muss sich das leisten können! Da sitzen nicht wenige Abgeordnete, welche gleichzeitig direkt Unterstellte in Partei und Staat sind. Keinen Freien! Das sind abhängig Beschäftigte!

Da hängt der Job, also das Einkommen und die außergewöhnlichen Privilegien dran, die Familie, der Partner...und für manchen sind die Fallstricke schon lange ausgelegt. Ein Dummes Wort und er sieht sich in der Bildzeitung denunziert. Das reicht schon, dass er den Schwanz einzieht oder zur Abstimmung ins Ausland fliegt. Das erinnert mich eher an die „Geschlossene" als an ein Parlament.

Es fehlten doch wirklich Abgeordnete aus verschiedenen Gründen. Unentschuldbar, wenn man die Geschichte der Notstandsgesetze im Blick haben wollte.

Abgeordnete in Quarantäne, auch Gegenstimmen, konnten nicht an der Wahl teilnehmen. In Zeiten der Digitalisierung ein Witz!

Und der absolute Hammer, die Grünen enthalten sich der Stimme!

Denken Sie doch nach! Ein abgekartetes Meisterstück bei Hofe!

Schwarz–Grün oder Grün–Schwarz, völlig egal, in Aussicht gestellt und," er hält kurz inne, „erinnern Sie sich an Westerwelle und seine Enthaltung? Der Krieg begann! Diese Entscheidung, diese Stimmenenthaltung brachte Tod, Verderben und die Vernichtung eines ganzen Landes mit sich! Verstehen Sie? Das geht doch nicht, dass jemand sich bei dieser Entscheidung über die Aussetzung der Grundrechte, das Aushebeln der Verfassung und die Entmachtung des Parlaments, der Stimme enthält. Krieg oder Frieden?"

„Enthaltung? Das ist eine große Sauerei!"

Vielleicht haben sie es verpasst. Merkel setzte sich, dem traditionellem, nach einem Regierungswechsel zelebrierten Ritual gleich, demonstrativ mit der Grünen Baerbock in eine hintere Parlamentsreihe, grad so, als wolle sie das Kanzleramt übergeben. Was für ein Brüskierung der Demokratie!

Es ist eine große Tragödie, wenn die Macher weniger und die Enteigner mehr werden! Das hatten wir alles schon ein paar Mal. Wir brauchen es nicht, auch nicht in Grün.

Der „Witz" dabei ist, dass es den Banken auch nichts nützt, wenn wir den vielen „Enteignern" billiges Geld hinterherwerfen und die wenigen Macher abzocken. Irgend Jemand muss den Karren ziehen!

Sollten Inflation und Wirtschaftskrieg, Wirtschafts- und Finanzkrise außer Kontrolle geraten, kann, wie bei Brüning 1930, mit des Bundespräsidenten Gnaden, durchregiert werden. Die Infektionszahlen, hören Sie, jetzt kommen wir zu den Corona – Viren, werden das immer, wenn nötig hergeben. Statistik war schon immer eine Hure.

Vor dem Infektionsschutzgesetz explodierten die Zahlen und danach fielen sie innerhalb einer Woche, obwohl die Leutchen laut Überwachung ihrer Handydaten ihr Leben nicht geändert hatten. Die Kontakte zwischen ihnen blieben auf gleichem Niveau.

Während in England hunderttausende für ihre Rechte, auch gegen einen Corona – Reisepass demonstrieren dürfen, übrigens ohne Maske und Abstand, knüppeln hier Polizisten auf Menschen ein. Begriffe wie SS und SA machen die Runde.

Was aber bleibt, ist Corona und damit die Aufhebung verfassungsgemäßer Grundrechte. Es werden neue Gesetze, eben auf der Grundlage des Infektionsschutzgesetzes, beschlossen.

Das Spielchen würden Sie auch beherrschen. Sie müssen nur den Algorithmus verstehen.

Erst zahlt die Regierung sehr viel Geld, 50.000 € heißt es, für jedes zusätzliche Intensivbett und die Krankenhäuser rüsten auf.

Die Regierung prämiert, nach einem Gesetz des Gesundheitsministers, nun aber die Auslastung der Intensivbetten. Die marktwirtschaftliche Folge, die Anzahl der Betten wird reduziert und die Belegung schnellt in die Höhe.

Es geht hier nicht um Transparenz, wie es einige Schausteller kritisieren. Das ist transparent. Sie sind nur zu faul zum Denken und wollten sich in den Mittelpunkt rücken. Vielleicht war das auch abgekartet. Im Moment traue ich vielen alles zu. Man darf nicht vergessen aus welcher komfortablen Ecke das inszeniert wurde. Wenn ein solcher Videoclip - „Held" zum Schluss kommt, der Spahn wäre ein Demokrat, nur weil er mit ihm geredet hat und das aber nicht müsste, dann hat er was an der Bommel. Er sollte Heinrich Mann lesen.

Wieviel Transparenz braucht es eigentlich noch? Schauen Sie auf die Aktienkurse der Impfstoffhersteller! Ein Riesengeschäft! Langfristig! Schauen Sie auf die Insolvenzen! Schauen Sie auf die explodierenden Schulden. Sehen Sie, wie viele Firmen und Eigentümer den Banken zum Fraß vorgeworfen werden. Da haben Sie doch Ihre Transparenz.

Kommen Sie bitte, wir vertreten uns kurz die Füße. Ich lade Sie ein, zu einer Runde um den Teich", ergänzt er noch und lächelt als begänne gleich eine Vorstellung der besonderen Art.

Wir gehen einige Schritte und immer wieder deutet der Earl auf Wasserbewohner, Insekten und Vögel, welche sich im Biotop zu tummeln scheinen. „Sieht alles sehr friedlich aus. Oder?"

„Ja."

„Gefressen wird hier aber auch. Nicht gleich erkennbar auf den ersten Blick.

Sehen Sie, wie sauber das Wasser ist. Hier gibt es keine Filter, keine Pumpe. Der Eisvogel besucht uns, wenn nicht, wie vor wenigen Jahren geschehen, mehrere harte Winter diese Population stark dezimiert haben.

Dieses Jahr wächst alles noch üppiger. Naja, auch wenn sie über Trockenheit viel reden, es ist noch nie oben geblieben, das Wasser. Jetzt regnet es schon ein halbes Jahr."

„War das früher auch so?", frage ich.

„Sie wollen mich wohl ärgern? Natürlich. Lesen Sie Bücher aus dem 18. Jahrhundert…!

Sehen Sie, die Libelle…zack…jetzt hat sie den Falter und…zack, zack…die Flügel abgetrennt…und jetzt fliegt sie zur Mittagspause.

Dort, eine Hornisse schöpft Wasser und fliegt zum Nest."

Der Weg um den Teich führt zwingend durch eine Kapelle. Er öffnet eine schmiedeeiserne Tür. Rechts, in einer kleinen Nische, steht eine hölzerne, Bank auf eisernen Füßen. An der Wand hängt ein Grabkreuz mit einem Amulett."

„Von hier aus hat man einen schönen Blick", sag' ich.

„Ja.

Zurück zur Krise! 38 Banken und sehr viele Firmen haben in der Krise schon den Löffel abgegeben und wenn die

Staaten nicht gegensteuern würden, hätten wir die gleiche schlimme Situation wie 1933. Die Arbeitslosigkeit wäre noch höher als damals. Wo das hinführte, wissen sie. Es führte in den Krieg.

Vielleicht wäre mit dem Kanzler Schröder alles anders verlaufen. Eine Hinwendung zu Russland hätte in einer Partnerschaft auf Augenhöhe auch unseren Wohlstand gesichert. Vielleicht. Immerhin ein riesiger Markt. Aber mit der Weltmacht, das ist so eine Sache. Lieber eine Enklave der USA?

Mit und nach Merkel wird sich die Geschichte wiederholen. Wie geschehen nach dem 1. Weltkrieg, sicherten sich die USA auch nach dem 2. Weltkrieg ihre wirtschaftliche Vormachtstellung. Wieder floss amerikanisches Geld nach Europa und wieder zahlten die Europäer jahrzehntelang diese Schulden ab.

Was glauben Sie, wie es dieses Mal ausgeht?

Corona kam zum richtigen Zeitpunkt. Viren aller Länder vereinigt euch, sage ich nur.

Die Welt war seit Jahren darauf vorbereitet. Der Bundestag war seit 2012 damit (Vgl. Bundesdrucksache (BT- DRS.) 17/ 12051, 3.1.2013, insb. S. 55-87) intensiv beschäftigt!

In einer vorliegenden Studie gingen Politiker von 7,5 Millionen Toten in Deutschland aus. Wie gesagt 2012. Die Globalisierung und die massive Einwanderung, das Herumkriechen in jeder Ecke des Erdballs, zur Gewinnmaximierung wurde von der Kanzlerin weiter als

Chance propagiert, allen Warnungen zum Trotz. Was machen Sie, wenn Ihr Nachbar eine tödliche Infektionskrankheit hat? Gehen Sie hin?

Es ist offenbar doch so: **ohne Corona wäre diese Regierung in dieser Weltwirtschaftskrise sehr schwer an die hunderten Milliarden gekommen und ohne Corona hätte diese Regierung auch nicht gewusst, wie sie den Widerstand gegen Massenarbeitslosigkeit und Pleiten unterbinden hätte können.** Corona war eine zu Beginn verharmloste Punktlandung. Die Landung einer gefährlichen Erkrankung. Wildtiermarkt in China, Ischgl, Deutschland, PENG!

Die Merkel – Regierung setzte die Verbreitung des Virus als Waffe ein, als Mittel der Unterwerfung und nutzte die epidemiologische Lage aus, um Gesetze der „Entrechtung" zu beschließen.

Die Kanzlerin trat ihr Amt zwischen den Crashs an, zwischen dem jeweiligen Kreislaufkollaps des Kapitalismus.

Als Umweltministerin klaute sie den Grünen das imaginäre -, also zu Deutsch nicht vorhandene, nicht fassbare Thema Klima, medial leicht und schockierend zu verbreiten, kreditwürdig, hohe Gewinne versprechend und trat mit diesem Herrschaftsparadigma, dieser Geschäftsidee auf den Plan.

Der Kampf ums Klima sollte den Weg für eine neue Wachstumsära der industriellen Fertigung frei machen und der deutsche Vorsprung wuchs.

Die Chinesen aber klauten Solar & Co und bis heute eigentlich alles was sich lohnt. Genaugenommen klauen aber alle.

Merkels ganzes Tun war eingebettet in eine langanhaltende Krise des Kapitalismus. Ihre Fähigkeit zu lügen ohne rot zu werden, dabei zu lächeln, und natürlich die starke deutsche Wirtschaft, unser Fleiß, das viele Geld..., das war es, was ihr unter den mafiosen Bossen dieser Welt einen vorübergehend gleichwertigen Platz bescherte. Zuweilen stieg es ihr zu Kopf.

Besonders aufregend fand sie, nicht zu wissen was der nächste Tag bringt. Unter uns, damit allein und mit gesundem Menschenverstand beurteilt, wäre sie völlig ungeeignet ein Land zu führen.

Ich denke, sie wollte damit kundtun, spontan zu reagieren und ein planmäßiges vorausschauendes Agieren vertuschen. Doch alles was sie tat, geschah planmäßig im Interesse weniger!

Wäre sie Teil der Deutschen, einer Gemeinschaft, seit dem 18. Januar 1871 vereint, würde sie als verrückt gelten, ist sie jedoch Teil einer anderen Menge und das ist sie, dann ist sie übermütig und gegenüber den Bewohnern nicht nur dieses Landes rücksichtslos und ohne Gewissen. Denn, unter den Bedingungen der Konkurrenz ist dieser **völkerrechtswidrige Internationalismus** eine Show, ein großer Betrug, **der Elend verbreitet** und das Risiko von Kriegen in sich birgt.

Es geht um Geld, Gewinn, Expansion, um reiche Menschen, welche die ganze Welt unterwerfen. Diese

Leute würden für Geld ihre Mutter verkaufen. Da spielt der Kleinkram wie Familie und das Ländle keine Rolle. Mit so etwas hält man sich nicht auf.

Abgesehen von der Überforderung unserer Anpassungsfähigkeit, der brachialen Veränderung unseres Lebens, hätten die Menschen das demokratische Recht dafür oder dagegen zu sein.

Wissen Sie, es ist mehr als verwerflich diese Menschen durch Entrechtung zu radikalisieren, zu reizen, zur Weißglut zu bringen und sie, wenn ihnen der Kragen platzt, als Feinde der Demokratie hinzustellen. Das ist dummfrech. Sie verarschen uns nach Strich und Faden.

Ich wiederhole mich. Für mich ist das ein Staatsstreich.

Die Leute werden gezwungen die Kröte zu schlucken, nur um nicht als Nazi hingestellt zu werden.

Merkel eröffnete radikal den Weg für ein diktatorisches Regieren.

Nach dem Motto, lieber einen halben Kontinent ganz als einen ganzen Kontinent halb, ekelte sie die Engländer raus, um sich am Ende in Obamas Weltvorstellungen wiederzufinden, **einem Europa, welches sich mit Amerika zusammentut** und, über kurz oder lang, amerikanische Verhältnisse installiert. Ein Europa welches Amerika rettet.

Es ist auch ein Selbstbestimmungsrecht der Völker, sich in freier Willensentscheidung einem anderen Staat anzuschließen!

Wenn Politiker ohne freie Willensentscheidung des Volkes einem anderen Staatsgebilde beitreten, dann ist das auch ein Bruch des Völkerrechts.

Die Merkel – Regierung ignoriert das alles und hat mit Gesetzen die Bahn freigemacht für nachfolgende Regierungen. **Eines Tages werden die Deutschen aufwachen und nicht wissen, wo sie sind.**

Während wir hier mit dem Klima verschaukelt und mit Impfungen domestiziert werden, von denen selbst die Experten nicht wissen was rauskommt, erobern die Amerikaner unsere Welt. Allein die Internetkonzerne wären finanziell in der Lage die wertvollsten Unternehmen Deutschlands und den ganzen DAX-Laden aufzukaufen. Und wenn das so weiter geht, werden wir, schneller als wir uns vorstellen können, geschluckt. Aus und vorbei!

Das soll Demokratie sein? Das ist Wildwest ohne Regeln! Da sind wir wieder dort, wo wir schon einmal waren. Vor nicht allzu langer Zeit wäre das ein Grund für eine Kriegserklärung gewesen.

Hören sie etwas von Europa? Überväter und Mütter der Nationen? Wo sind sie, wenn es darauf ankommt für unsere Freiheit einzustehen? Da läuft ein Wirtschaftskrieg mit ernst zu nehmenden Auswirkungen auf unser Leben und die verarschen uns mit Masken und Ausgangssperren.

Kleine Völker oder Staaten sehen sich bereits durch den Abfluss der Geschichte gespült.

Sicherheitskräfte gefallen sich in ihrem amerikanischen Outfit und fühlen sich ihrem Gegenüber, also den Bürgern, überlegen.

Wann wird die Amtssprache englisch?

Lassen Sie mich bitte einen kleinen Abstecher machen.

Als unser Freund Rolf Domke starb, riss dieser fleißige Mann eine große Lücke, erweckte aber gleichzeitig tausendfach Menschen zum Leben.

Bereits sterbenskrank vollendete er ein weiteres Ortsfamilienbuch, eines einst deutschen Dorfes im heutigen Ungarn. Fast alle diese Menschen wurden nach 250 Jahren Leben und Arbeit enteignet, ihrer Lebensgrundlage beraubt, vertrieben und nach Deutschland deportiert. Wissen Sie was das ist? Ein dicker Wälzer! Unvorstellbar wie fleißig und präzise der Mann gearbeitet hat! Nur die Intelligentesten unter uns Menschen wissen welchen Wert so etwas hat.

Warum erzähle ich Ihnen das?

Diese selbständigen Familien, viel breiter, im Wissen und Können, als heute aufgestellt, einst die ersten freien Bauern Europas, wären, entwurzelt durch Krieg und Vertreibung, ihrer Geschichte und Leistungen beraubt, aus dem Raum und der Zeit gefallen, für immer verloren und vergessen, so als hätten sie nie existiert.

Dieses Abhacken der Füße, auf denen wir stehen, dieser Raub unserer Geschichte, nicht zu vergessen auch des Eigentums, ist es, was Menschen mutieren lässt, in die Fänge einer Minderheit treibt und umgeben von Dingen, welche nach dem Tod in einem Müllcontainer landen, frei fühlen lässt. Der Mensch wird milliardenfach entmenschlicht, gebrochen und von der Natur gelöst.

Diese Entwicklung verstärkt sich dadurch, dass die Gemeinsamkeiten und Erfordernisse entfallen, die uns einst, wie Pech und Schwefel zusammenhalten ließen. Tausende Jahre brauchten wir einander und taten uns deshalb zusammen.

Wir sitzen nicht mehr mit drei Generationen am Tisch und erst recht nicht am alten Tisch unserer Vorfahren. Das gute Stück wurde längst verfeuert und durch IKEA Sondermüll ersetzt.

Eine Mechanisierung der Menschen nimmt seinen Lauf, hin zu orientierungslosen Lebewesen, welche angewiesen auf Befehle ihr Leben bestreiten.

Kaum zu glauben, aber wahr. Familien trennen sich, nach medialer Anleitung, in Geimpfte und Ungeimpfte, in „Mutige", die sich wissentlich in Gefahr begeben, sonst bräuchte es doch keinen Mut, in Impfgegner die sich heimlich impfen lassen, in Corona Leugner, die im Verborgenen Chlor oder sonst etwas zu sich nehmen, um nicht zu erkranken, in „Ungläubige", die den Zirkus ablehnen und in Menschen, die versuchen ihre Familie über diese schlimme Zeit zu retten, die weit vor Corona begann und deren Höhepunkt nicht einmal in Sichtweite ist.

Stattdessen trägt schwarz nun grün und kümmert sich um die Pole und die Atmosphäre, also um Dinge, die die Erde mit der Sonne und den Vulkanen seit 4,5 Milliarden Jahren allein regeln.

Hätten sich Gabriel und Merkel wie „anno dazumal" in Bärenfellen auf Grönland getroffen, hätten sie auf einer grünen Wiese, zwischen Rindviechern, die dramatische Abkühlung der Erde verkünden können, um die Germanen zum Arbeiten zu bewegen.

Ich sehe es ja ein, dass sich Regierende um Motivation, allgemein um ein Paradigma kümmern, mit dem sie wieder ein Stück vom Fleck kommen. Das Merkelteam hatte die Idee mit dem Klima aufgegriffen und das alles, ähnlich den heutigen Massenimpfungen, mit viel Geld in einen wissenschaftlichen Rahmen pressen lassen. Ziel war und ist ein wirtschaftlicher Vorteil und die Beschwerung der Konkurrenz mit Standards und Sanktionen.

Prof. Friedrich-Karl Ewert schrieb, seinerzeit im „Europäischen Institut für Klima und Energie" tätig, folgendes. Diesen Artikel habe ich mir aufgehoben, da es offensichtlich wurde, dass Merkel in die Ideologiekiste griff.

,Der CO_2 Gehalt der Atmosphäre war nie so groß wie zu Zeiten der größten Vergletscherung der Erde vor 300 Millionen Jahren. Die Gletscher reichten damals bis ins heutige Südspanien. Und der CO_2 Gehalt in der Atmosphäre war dreimal so hoch wie heute. Kohlendioxid hat demzufolge nur einen kleinen Einfluss auf die Temperatur.'

So. Jetzt werfen wir den Rechner an und gehen der Frage nach. Moment. Und? Was lesen Sie bei Wikipedia? CO_2 Gehalt um 33% höher als vor 800 Tausend Jahren und sehr geschickt formuliert: ,Auch während der letzten 14

Mio. Jahre (seit dem „Mittleren Miozän") existierten keine deutlich höheren CO_2-Werte als heute.'

Sie sehen, man hat es passend gemacht. Eine winzige Verschiebung auf der Zeitachse, wenn sie von 4,5 Milliarden Jahren ausgehen.

Haben sie je einen Politiker gehört, der von einer katastrophalen Erhöhung des CO_2 Gehaltes während eines Krieges sprach? Oder vom CO_2 Gehalt in Vorbereitung eines Krieges, der gigantischen Rüstungsproduktion? Dem ökologischen Fußabdruck eines Panzers, Bombers, seiner Bomben? Den ökologischen Fußabdruck eines Bombentrichters könnten sie sogar messen!

Nur kurz, denken Sie an diesen Rowdy Fischer, der dann als Außenminister den Grünen Krieg einläutete und die Grünen damit zu einer kreditwürdigen Partei der Mitte machte. Das ist nicht die Mitte der Parteien, aber die Mitte der Investoren.

Die Menschen sind abgestumpft und faul. Sie dulden den ideologischen Ansatz. Nehmen sie Bücher aus vergangenen Jahrhunderten, Lebensbeschreibungen von fleißigen und aufrichtigen Menschen. Lesen sie! Sprechen sie mit den fast 100jährigen!

„Die Menschen, vor allem die noch hohlköpfige Jugend", „wie war das bei Ihnen?" falle ich ihm lachend ins Wort. – „na auch hohl, was dachten Sie denn" – „also die Jugend, die naturgemäß glaubt es zu wissen und jene die nichts dazu lernen wollen, plappern irgendwelchen ideologisierten Schwachsinn nach. Lesen Sie! Lesen Sie

Bücher die 300 oder 500 Jahre alt sind und verlassen Sie sich nicht auf politisch motivierte Messungen die 1850 beginnen.

Wie gesagt, ich kann verstehen, dass sich die Politiker Gedanken machen, was nach einer Wachstumsgesellschaft kommt. Irgendwie müssen sie die Leute bei der Stange halten.

Natürlich merken sie, wenn sie nur noch Reichtum verwalten, andere Regionen profitabler werden und hierzulande das Steuerwachstum der Weisheit letzter Schluss ist. Es sieht nach Ausverkauf aus und Umwelt- oder Klimaindustrie wären für Deutschland ein planwirtschaftlicher Segen. Einfach an den CO_2 Gehalt geknüpft und diktatorisch vorgeben. Eine CO_2 Inzidenz und eine Viren Inzidenz usw. Planwirtschaft und selbstverständlich Diktatur.

In einer echten Demokratie kommen sie nicht mit irgendeiner Lüge vorbei und überrumpeln die Menschen. Sie müssen ja nicht jeden Vollpfosten fragen, ob er mit dem nächsten Level einverstanden ist.

Wenn der ökologische Notstand ausgerufen wird, auf der Basis, zum Beispiel einer CO_2 Inzidenz, Gesetze verabschiedet werden, was denken Sie, was dann passiert? Eine Minderheit spielt Enterprise, der Ethikrat diskutiert, hören Sie bitte genau hin, ich zitiere: ‚Der steuerbare Mensch? Über Einblicke und Eingriffe in unser Gehirn (2009), Migration und Gesundheit. Kulturelle Vielfalt als Herausforderung für die medizinische Versorgung (2010) und die Ernährung der

Weltbevölkerung – eine ethische Herausforderung (2011).'
und der Rest unterwirft sich einem ökologischen
Wertekatalog.

Jetzt heißt es, Corona kam, um zu bleiben. Kombinieren
Sie doch mal die Inzidenzen. Dann darf jener arbeiten der
geimpft ist und seine Mobilität ist abhängig von der CO_2
Inzidenz und der Vireninzidenz. Das wird für die Mächtigen
ein Fest!

Denken Sie an den französischen Präsidenten Macron,
diesen Hitzkopf. Er hat vorsorglich den „Ökozid"
ausgerufen. Was sind das für Typen? Will er den Öko-
Lockdown im Wirtschaftskrieg.

Mit echtem Umweltschutz würden wir das Ende der
Wachstumsgesellschaft beschleunigen. Dagegen hat sich
das Merkelteam gestemmt und es blieb und bleibt ihnen
nichts anderes übrig als unser Leben zu mythologisieren.
Denken Sie an ihren Satz:, Sie kenn mich'.

Die steigende CO_2 Inzidenz und der Ausverkauf unserer
Industrie gehören aber auch zu ihrer Bilanz."

Wenn unsere Bahn um die Sonne wieder runder wird, wir
uns ihr also wieder ein wenig nähern, wird die Sahara grün,
so wie sie es einst war. Wird es wärmer, verdunstet mehr,
verdunstet mehr, regnet es mehr usw.

Das hat mit uns nichts zu tun. Wir frönen der
Wachstumsgesellschaft, bauen auf und reißen nieder,
werfen weg, verbieten und erschaffen neuen Sondermüll.
Blöd ist nur, dass wir dafür noch mehr Ressourcen
verbrauchen werden. Das Zauberwort heißt nun

Klimaneutralität. Sie bezahlen für ihre, angeblich bedeutsamen Sünden, die Preise steigen und der fiskale Krampf soll sich lösen. Merkels alternativlose Wachstumsgesellschaft jedoch, organisiert Märkte, deren Bedarfe sich nicht an den Grundbedürfnissen der Menschen, sondern am übermäßigen Gewinn und deren Versteuerung ergeben.

Was würden Sie tun, wenn Sie nach dem heutigen Stand der Dinge alles hätten, was sie zum Leben brauchen. Wohnung, Mobilität, Nahrung, Playstation usw.? Alles wegschmeißen, um einen Grund zu haben mehr zu arbeiten?

Sie sind doch nicht blöd? Oder?

Die Kanzlerin und ihre Lobbyisten wollen das aber! Überlegen Sie sich doch den Schwachsinn. Das deutsche Auto fährt deshalb so lange, weil unser Maschinenbau so gut ist. Das ist auch ökologisch. Sie müsste dafür sorgen, dass nicht jeder jeden Tag eine halbe Weltreise antreten muss, um Geld zu verdienen. Dann bräuchten viele weder den Diesel noch die E-Karre. Bedenken Sie doch, dass sich der Warenaustausch, auch auf der Autobahn, vervielfacht. Das machen sie mit ihrer E-Karre nie wett! Sie wollen nur, dass Sie Ihren Wagen verschrotten und ein billigeres Fahrzeug noch teurer, wenn möglich mit Schulden, erwerben. Das ist alles.

Oder denken Sie an die Bevölkerungsentwicklung. In ein paar Jahren wären ohnehin nur noch die Hälfte der Autos gefahren. Weil das so ist, trat u.a. auch der Linke Gysi dafür ein, dass arabische Frauen Auto fahren dürfen. Ein Lobbyist? Ja doch. Er will Autos verkaufen. Mehr nicht.

Erkennen Sie das Muster? Wie lange wird das gehen. Der Laden leert sich bereits.

Gegenüber diesem ideologischen und demagogischen Ansatz gibt es natürlich ein starkes Motiv. Die Wirtschaft wird, wenn sie weiter so genial automatisiert und produziert, gigantische Mengen an Energie und Rohstoffen benötigen, selbst bei höchster Effizienz! Die Begrenzung werden wir spüren und unser Trost, ob nun begrüßenswert oder nicht, sollen diese ominösen 2 Grad sein.

Die Klimazonen der Erde verschieben wir Menschen nicht so leicht. Das haben die Amerikaner nicht einmal mit zwei Atombombenabwürfen und der Entlaubung Vietnams geschafft. Inzwischen haben sie noch dreimal die Wüste umgegraben und da ist auch nichts passiert.

Dem Menschen von heute genügt es nicht mehr das Jesus Christus alle Schuld auf sich geladen hat und für uns büßt, nein, wir brauchen etwas anderes imaginäres, nicht fassbares, was uns freispricht, von dem was wir anrichten.

Aber es muss etwas Unfassbares sein. Eine Ideologie. Ein Schwindel. Das Klima. Die fiskalen Führer schicken sich an die Gravitation, das Magnetfeld, den Wasserkreislauf, die Sonnenwinde und die Rotation unserer Erde hintenanzustellen und das Klima zu wandeln, alles mit dem Ziel die Wachstumsgesellschaft zur Tilgung der Schulden, ja für neue Schulden und zur Erlangung von übermenschlichem Reichtum, fortsetzen zu können.

Sollte unser einst eisfreier Planet wieder eisfrei und Grönland (Grünland) wieder grün werden, dann geschieht es.

Der Kampf um den Klimawandel ringt den notwendigen Kampf um die Rettung unseres Planeten nieder. **Wir entnehmen der Erde in einem gigantischen Tempo Energie und Rohstoffe, sodass ein Ende dieser, an Schulden gekoppelten Lebensweise in Sichtweite ist! Der Maßstab Profit ist falsch und Ursache der Zerstörung. Es bedarf eines anderen Geldsystems und einer anderen Lebensweise, um die Zerstörung unserer Erde aufzuhalten. Mit Temperaturbegrenzungen kommt die Menschheit nicht weiter. Das ist wachstumsorientierter und grün angestrichener Schwindel.**

Die eigentliche Freiheit des Menschen besteht in einem Höchstmaß an Selbständigkeit, auch dem Zwang selbständig denken zu müssen, auf das sich sein Gehirn fülle, so wie es tausende Jahre für seine Entwicklung von Vorteil war.

Doch die Rahmenbedingungen menschlicher Existenz werden in die andere Richtung entwickelt.

In unserer Zeit wachsen die Früchte in den Regalen, kleine Teile der Wertschöpfungs- und Konsumkreisläufe bestimmen den Tagesablauf.

Im Versuch gelingt es bereits menschliches Erbgut in Affen zu injizieren, mit dem Ziel Organe zu züchten. Wer wird denn wissen was auf dieser Welt wem gespritzt wird?

Noch 2021 wird Elon Musk Chips in Menschen transplantieren und so die menschliche Kreatur direkt onlinestellen.

Die Gestaltung der Mutanten nimmt Formen an. Der einst freie Mensch wird selbst zum Datenspeicher, konvertibel mit den Überwachungs- und Produktionssystemen und damit vollständig abhängig.

Die Grundlage für Meinungsfreiheit, als Wesensmerkmal eines stabilen Rechtsstaates, ist die Gedankenfreiheit.

Die Absetzung bei politischem Fehlverhalten war ein Bestandteil der Demagogenverfolgung vor 200 Jahren, hielt sich in Diktaturen und Demokratien, z.B. in Form von Berufsverboten, bis in unsere Zeit und trat mit Kanzlerin Merkel offen zu tage. Ungeniert wurden Posten aufgrund politischen Fehlverhaltens umbesetzt, Fraktionszwang Tagespolitik und Menschen mit Hilfe der Medien denunziert. Der „Rechtsstaat" bröckelte mit der Neubesetzung von Schlüsselfunktionen und starb mit seiner inzidenzabhängigen Entmachtung am 22. April 2021 durch Bundesrat und Bundespräsident.

Mit dem neuen Infektionsschutzgesetz kann die Regierung langfristig planen und aus besonderen Anlässen eine Präsidialmacht walten lassen.

Gerade mit Hinblick auf die Digitalisierung unseres Lebens, aller Lebensbereiche und die Integration unserer Gedankenwelt in Computerprogramme und Algorithmen ein nicht ungefährlicher Ansatz. Die Menschen könnten ihre persönliche Freiheit, bis hin zur Gedankenfreiheit, verlieren. Genau jenes also was bisher durch die

Grundrechte geschützt und einklagbar war. **Wer das Völkerrecht bricht, wiederholt das auch.**

Leider verbinden Menschen den Begriff Freiheit fast nur noch mit Urlaub und Freizeitbeschäftigung.

Die Öffentlichkeit wird vom Umleiten, Verändern oder Beenden von Lebensläufen kaum noch Notiz nehmen. Wir werden keine Antwort bekommen, wenn wir hinterfragen, wieso dieser oder jener Mitarbeiter*in nicht mehr online ist und ein neues Teammitglied diesen Platz eingenommen hat.

Die Gedankenfreiheit ist jedoch, wenn man es genau betrachtet, unsere einzige wirkliche Freiheit! Die Gedankenfreiheit ist unsere Seele und Identität.

Wird sie genommen beginnt ein neues Zeitalter der Abhängigkeit.

„Die Gedanken sind frei, wer kann sie erraten?
Sie fliehen vorbei wie nächtliche Schatten
Kein Mensch kann sie Wissen, kein Jäger erschießen
Es bleibet dabei: die Gedanken sind frei…"

Ohne die Gedankenfreiheit ist der Mensch nicht lebensfähig.

Die Rechtsstaatlichkeit „praktiziert" online. Sie werden mit einem Computer kommunizieren. Haben sie alle Bedingungen erfüllt, Steuern und Abgaben entrichtet und, naheliegend, sind ihre Impfungen auf dem neuesten Stand, hat ihr Kind am Homeschooling teilgenommen und die erforderlichen Tests bestanden usw., dann kommuniziert das System mit Ihnen, wenn nicht dann nicht.

Die Selbstmordrate wird weiter steigen.

Je mehr unsere kleinen Freiheiten von unserer Integration in diese Systeme abhängig gemacht werden, desto unfreier werden wir.

Die Gedanken sind bereits ohne den geplanten Chip im Gehirn auslesbar. Mit dem Chip erfolgt jedoch der direkte Zugriff auf unsere Hirntätigkeit.

Gut möglich, dass dies vielen Menschen gleichgültig ist. „Ich habe mir ja nichts zu Schulden kommen lassen!", so der Tenor.

Doch die Welt der Arbeit, von der wir uns ernähren und die Welt des Feierabends, werden Formen annehmen, in deren Abläufen sich viele Menschen wünschen werden, nie geboren zu sein oder in die sich durch Segregation bildende Unterwelt absteigen werden.

Arbeitszeit ist Google – Zeit. Die Stechuhr ist der Rechner.

Es wird eine Gedankenpolizei im Auftrag einer Minderheit unsere Freiheit zügeln und die Menschen werden im Leben nie erfahren können wer sie sind und woher sie kamen, da ihr Lebensweg von einer Minderheit gelenkt wird.

Waren Hitler, Göbbels, Göhring oder Mengele, die interkontinentale Liste ist lang und reicht bis in die Gegenwart, ihrer Zeit voraus? Retteten sie in der Weltwirtschaftskrise mutig und entschlossen die ruinierte kapitalistische Welt vor der Verstaatlichung und dem Kommunismus und teilten zukunftsweisend das Leben in „wert" und „unwert" ein?

Erste Schritte zur legitimen, gewinnorientierten Euthanasie wurden bereits parlamentarisch auf den Weg gebracht, heißt wer sterben möchte, dem darf geholfen werden und wer glaubt, dass es trotz tödlichem Risiko für ihn gut sei, dieses oder jenes Mittelchen oder eine Injektion anzunehmen, ist so frei, tun zu dürfen was er nicht lassen kann.

Die gleiche Faulheit, wie ich sie im Zusammenhang mit dem Klimawandel angesprochen habe, finden wir nun wieder in Zusammenhang mit der Pandemie und den Impfungen.

Die Behandlung der Betroffenen ist das eine! Dort leistet medizinisches Personal teils übermenschliches, wie man es schwülstig ausdrückt, nicht zuletzt, weil wir seit Jahren einen Mangel organisiert haben. Da gibt es Stress und mehr Arbeit als einem lieb ist. Logisch. Das Personal arbeitet im Risikobereich, kann selbst infiziert werden! Das war noch nie jedermanns Sache.

Leider gibt es kein Mittel gegen die Krankheit Es sind halt Viren!

Die Politik greift nun wieder in das Geschehen ein. Sie verdreht die Tatsachen, vertuscht die Auswirkungen ihrer Politik und versucht aus der Pandemie Wachstum und Profit zu generieren. Wie beim Thema Klima, suggerieren Politiker den Menschen, das Seelenheil, indem sie

Immunität versprechen. Die Menschen nehmen also an, nicht mehr durch diese Viren zu erkranken oder zu sterben.

Wo führt diese Gesellschaft hin, wenn nur noch gelogen wird? Und wenn es keine Ordnung gibt, dann ist das faschistoid, so ist nun einmal die Definition dafür.

Der Begriff beschreibt ein autoritäres oder autoritätsgläubiges Verhalten. Auch die Organisation von **körperlichem Gehorsam gilt als faschistoid!**

Die Menschen werden **nicht** immun. Ich kann mir nicht helfen, aber für mich ist das ein autoritäres Impfprogramm ohne wissenschaftlich fundierte Basis. Die Wissenschaftler, so sagen diese selbst, **bemühen sich** den jeweiligen **Impfstoffkandidat** zu qualifizieren und eine Immunreaktion, also eine Abwehrreaktion unseres Immunsystems auszulösen.

Bisher wird durch die Impfung eine kombinierte adaptive humorale und zelluläre Immunantwort gegen SARS-CoV-2 auslöst. Dabei wird publiziert, dass diese Impfung zu 65% bis 95% schützen soll. Diese Zahl ist natürlich fiktiv.

Dazu wurden viel zu wenig Menschen geimpft. Der Begriff Notfallzulassung verdeckt den Begriff der vorübergehenden Zulassung. Wir sind Teil einer Forschung. **Wir sind hier alle Laborratten.**

B-Zellen, B-Lymphozyten gehören zu den weißen Blutkörperchen und sind die einzigen Zellen die Plasmazellen bilden können, die wiederum Antikörper ausschütten können. Vorrausetzung dafür ist ein T-Zellen induzierter Impfstoff.

Der Mensch verfügt über ein angeborenes Immunsystem und über ein, **lernfähiges** Immunsystem. Wie soll es lernen, dieses erworbene, adaptive Immunsystem, wenn keine Gedächtniszellen gebildet werden? **Wie soll unser Immunsystem lernen, wenn wir es daran hindern? Wird mit diesen Impfungen versucht ein künstliches Immunsystem im Körper der Menschen zu installieren, welches immer wieder weitere Impfungen erfordert und letztendlich unser natürliches Immunsystem hintergeht? Verstümmeln wir unser angeborenes und unser lernfähiges Immunsystem, indem wir diesem die Arbeit nehmen? Schalten wir es aus? Werden wir Junkies der Pharmaindustrie und deren Lobbyisten (Politiker)?**

Für die Impfwirtschaft keine schlechte Geschäftsidee.

Die meisten Menschen beschäftigen sich nicht mit diesen Dingen. Sie ziehen ihre Erkenntnisse und ihre Hoffnung auf ein langes Leben lieber aus einem Wasserglas, indem ein Mineral liegt und fummeln laufend dran herum. Sie beschäftigen sich nicht mit Dingen, die unsere Welt bereits weiß.

Die Mehrheit können Sie jeden Tag auf einem Quadratmeter fünfzigmal verarschen.

Wenn sie denen etwas von Plasmazellen, Lymphozyten oder Gedächtniszellen erzählen, blicken sie wie eine Schell'- Lusche.

Bei bisherigen Impfungen mit der Zielstellung Immunität bildeten sich **Gedächtniszellen als Voraussetzung für eine erfolgreiche Schutzimpfung.** Der menschliche

Körper erreicht für einen langen Zeitraum oder auch lebenslang dahingehend „Immunität", dass sein Körper beim Wiederauftreffen der Viren binnen kurzer Zeit eine angemessene Abwehrreaktion parat hat und reagiert.

Bei den jetzt angewandten Impfstoffkandidaten mit Notfallzulassung ist das nicht der Fall. Es bilden sich keine Gedächtniszellen die im Knochenmark lange Zeit Überlebenssignale erhalten und molekulare Antikörper sezernieren.

Die Hersteller geben selbst an, dass der langanhaltende Schutz Ziel ihrer Forschungen sei, was natürlich sehr anspruchsvoll ist, da Viren sich verändern und nach diesen Mutationen jedes Jahr gesucht werden muss!

Bisher ist es „nur" gelungen eine zelluläre Immunantwort in Kombination mit der Bildung von Immunglobulinen auszulösen, was bedeutet, dass Impflinge eben nur für einen bestimmten Zeitraum über eine zellvermittelte Immunantwort verfügen, welche die infizierten Zellen erkennen und zerstören.

Auch bei unzureichender Antikörperbildung ist es so möglich, dass eine schützende Immunantwort erreicht werden kann.

Da sich jedoch keine Gedächtniszellen bilden, hat die Wirksamkeit dieser Impfstoffe im Körper des Menschen ein **Verfallsdatum**, welches derzeit bei ungefähr einem **halben Jahr** liegt.

Deshalb bedarf es der zweiten Injektion und wie die Hersteller dieser therapeutischen Impfstoffe publizieren, weiteren Wiederholungsimpfungen.

Trotz vieler Nebenwirkungen, bis hin zum Tod, möchte man, fast panikartig, einen Booster, einen Treiber verimpfen, so als wollte man den menschlichen Körper zwingen nun endlich seine DNA zu verändern!

Ohne diese Massentests und der Verbreitung von Angst hätten wir nicht einmal einen nachvollziehbaren geistigen Ansatz für Massenimpfungen von gesunden Menschen.

Jeder Hausarzt müsste ihnen vorrechnen, dass es Unsinn ist, sich jetzt im Sommer impfen zu lassen. Wenn die Menschen sich auf eine neue Corona Saison im Winterhalbjahr vorbereiten wollen, die Impfung in einem halben Jahr aber unwirksam wird, dann müssen sie warten. So kennen wir es von prophylaktischen Impfungen.

Erinnern Sie sich an den Anfang dieser Ausführung, an die Gesundheitswirtschaft! **Merkel erklärte das Gesundheitswesen zum Wachstumsfaktor Nummer Eins und schob damit den Übergang zur profitablen Gesundheitswirtschaft an.** Die Ethikkommission hätte an diesem Tag ihren geschlossenen Rücktritt erklären müssen.

Es geht nicht darum, welches Vakzin gut oder schlechter, nicht um die Reihenfolge, sondern um **die Installation eines Programms**, um Wachstum, um einen immer wiederkehrenden Geldschöpfungsmechanismus.

In einer teilweise von der Europäischen Union finanzierten und beauftragten (Letzte Aktualisierung: *3. November*

2009 *Aktenzeichen: 31429*) und in Auszügen im Fachjournal Science veröffentlichten Studie heißt es: ‚Diese Studie untersucht den Einsatz von Impfstoffen zur Kontrolle der pandemischen Grippe'. ‚Präpandemie-Impfstoffe haben den Vorteil, dass sie zur Prophylaxe verwendet und im Fall einer Krise schnell an Risikogruppen ausgeliefert werden können. Doch in der Regel stimmen sie nicht genau mit zirkulierenden Stämmen überein. Unsere Arbeit zeigt, dass selbst diese Vakzine (um diese geht es zurzeit; Anmerk. d. Verfassers) der Bevölkerung zugutekommen können, weil durch eine erhöhte Impfrate in der Bevölkerung die ungenaue Übereinstimmung zwischen den Stämmen ausgeglichen werden kann. **Es geht darum, diese Ergebnisse mit einer Epidemiedynamik zu verbinden**, was ein realistisches Ziel ist, **da immer mehr Sequenzdaten von Grippeviren erfasst werden.** Die hier vorgestellten Ideen könnten auf eine **breite Spanne von Infektionen ausgeweitet werden, einschließlich neuer, wiederkehrender und vorhandener Infektionskrankheiten.'**

Erkennen Sie nicht den Plan? Erst ist es nur eine einfache Krankheit der oberen Atemwege und wir brauchen keine Masken. Dann werden Maskendeals abgeschlossen, danach kommt die Maskenpflicht, es folgt der Lockdown, ‚**Diagnosen werden so stark wie möglich dramatisiert, um in eine höhere Bezahlgruppe der DRG zu gelangen. Je höher der Case Mix Index, desto höher die Vergütung'** (Dr. med. Bernd Hontschik), Impfstoffe werden produziert, es finden Massenimpfungen statt, Corona ist nun eine gemeingefährliche und übertragbare Krankheit, weltweit entstehen Produktionsbetriebe für Impfstoffe, die Herdenimmunität ist nicht erreichbar, Corona wird bleiben und dauerhafte Impfungen sollen zur Routine werden.

‚**Nicht mehr der Kranke ist Gegenstand der Medizin, der Heilkunst, sondern die Krankheit ist Gegenstand eines Programms; um es genau zu sagen: eines profitablen Wirtschaftsprogramms.**' (Dr. med. Bernd Hontschik)

Die erste Welle wurde durch diese Regierung verharmlost, trotz dass die Pandemie seit Jahren angekündigt und der Pandemieplan 2015 beschlossen wurde. In den Krankenhäusern gab es viel zu wenig Schutzausrüstungen und das ausgelöste Chaos tat sein Übriges. Krankenhäuser und Altenheime wurde so, völlig unnötig, zu Virenschleudern! Es gibt nur ein Fazit: **Dieser Gesundheitsminister mit dem Dollarzeichen im Auge ist eine Katastrophe.** Die Kanzlerin stand und steht für Einsparungen und Privatisierung im Gesundheitswesen und sitzt im gleichen Boot. **Merkel hob den Nicht - Mediziner und Taschenspieler Spahn** ins Amt.

Übrigens, das Wort Quarantäne stammt aus den Zeiten der Pest und hat seinen Ursprung in der Zahl vierzig, als Venedig beschloss ankommende Schiffe **vierzig Tage** zu isolieren. Der Italiener sagt Quaranta, wenn er vierzig meint. Weder im italienischen noch im englischen wird das Q als K gesprochen. Obwohl wir auch von einem Quartal im Jahr oder im Theater von einem Quartett sprechen, also nicht von einen „Kartett", hat uns irgendjemand, ich denke norddeutscher Herkunft, das K aufgeschwatzt und so das Wort von seiner ursprünglichen Bedeutung im deutschen

Sprachraum gelöst. Worte sind Ausdruck des Denkens und so vermisse ich, dass ankommende Schiffe und überhaupt der ganze Waren- und Arbeitskräftestrom in die Corona Maßnahmen einbezogen werden. Ich übertreibe jetzt, aber so bekommen wir vermittelt, dass ein Virus von einem chinesischen Wildtiermarkt im eigenen Haushalt oder zur Frühstückspause in der Firma verbreitet wird, während die Globalisierung und übrigens auch Kriege, nicht zu vergessen die aktuellen Großmanöver, weiterlaufen. Das ist doch krass.

Wir befinden uns definitiv in einer Phase, in der wir neue Einblicke in das komplexe Zusammenspiel gewinnen, von einem langanhaltenden Schutz **durch Impfung** aber weit entfernt sind.

Die bisherigen Pandemien dieser Art, also die der Asien- oder Hongkong - Grippe vor wenigen Jahrzehnten endeten mit der Herdenimmunität ohne dass oder kaum geimpft wurde.

Bedenkt man aber, dass sich diese Impfstoffhersteller einen Wettkampf in der Herstellung eines Impfstoffes gegen Krebserkrankungen liefern, lässt sich die Bedeutung dieser weltweiten Massenimpfung erahnen. Erinnern Sie sich, der Spahn plapperte schon weit vor Corona davon den Krebs bald besiegen zu können. Ich sage nur, wenn Lobbyisten Flügel bekommen und abheben.

Angesichts der seit vielen Jahren ungesunden und zunehmend künstlichen Ernährung, bereits jetzt sterben fast eine Viertelmillion Menschen jedes Jahr an Krebs allein in Deutschland, würde mit RNA-Impfstoffen gegen

Krebs ein gigantischer und weltweiter Markt entstehen. Wir könnten billiges „Gift", ohne sichtbaren ökologischen Fußabdruck, zu uns nehmen und im Falle einer Krebserkrankung oder auch prophylaktisch, direkt oder indirekt kostenpflichtig und genmanipuliert unser Leben verlängern.

Das Fleisch aus dem Labor, das Fleisch aus dem 3D-Drucker, ist das Ergebnis von **Gewebezüchtung**en mit dem Ziel, **Fleisch** zum menschlichen Verzehr im industriellen Maßstab synthetisch herzustellen. Dabei wird den Nährlösungen Energie in Form von Soja und Getreide zugeführt. (Patent WO9931222; Industrial Scale Produktion of meat from in Vitro Cell Cultures). Was geschieht dann mit den Soja– und Getreidepreisen? **Sojaanbau, ob für Rindermassenzucht oder für synthetisch hergestelltes Fleisch, ist einer der Hauptgründe für die Abholzung in Brasilien.** Dreht sich der Blödsinn wieder nur im Kreis?

Die Industrie wird dafür noch mehr Energie benötigen. Wir werden kaum noch menschliche Arbeit in der Fleischindustrie vorfinden, den Treibhauseffekt durch die Verringerung von Methan entgegenwirken, die Emissionen durch tierische Fäkalien, Massentierhaltung und Tiertransporte reduzieren und durch gentechnologische Abänderung den Nährwert so verändern, dass der ernährungsphysiologische Wert der Produkte erhöht werden kann. Ein verlockendes Angebot. Welche Injektionen werden nötig werden, um diese Programme für die Natur des Menschen konvertierbar zu gestalten?

Denken Sie an Elon Musk und seinen Chip im Körper des Menschen. Körperlicher Gehorsam ist faschistoid. Ich glaube nicht, dass dieser Zusammenhang den Menschen bewusst ist.

Recherchieren Sie über die Finanzierung dieser Unternehmen und Sie werden wissen an welchen Dingen da gearbeitet wird und warum sich Aktien bei Bio-Tech-Firmen lohnen werden.

Die derzeitigen Massenimpfungen kommen zurzeit, über den Zustand eines Glaubensbekenntnisses zur Wachstumsgesellschaft und in Aussicht gestellter Reise- und Einkaufsfreiheit nicht hinaus.

Ich zitiere: ‚Die Ergebnisse der laufenden deutschen Phase-1/2-Studie helfen, die verschiedenen Aspekte des Immunsystems zu veranschaulichen, die durch den Impfstoffkandidaten BNT162b2 zur Bekämpfung von SARS-CoV-2 aktiviert werden. Ein besseres Verständnis der Dauer von Antikörperreaktionen ist von entscheidender Bedeutung, während die weltweite wissenschaftliche Gemeinschaft weiterhin nach potenziellen Impfstoffen zur Überwindung dieser Pandemie sucht‘, sagte **Dr. Kathrin U. Jansen, Senior Vice President und Leiterin der Impfstoffforschung und -entwicklung bei Pfizer**.

Aber was macht die Politik. Sie verändert die Rahmenbedingungen und das des Profites, der Aktienkurse und des Prinzips der Geldwäsche wegen.

‚Ich werde zu den Privilegierten gehören, da ich geimpft bin, ich werde reisen, einkaufen… ich werde leben dürfen.‘ ‚Ich habe Angst.‘ ‚Ich habe keine Angst.‘ Jeder kann des

Anderen Tod sein! Was ist das? **Was für eine Gesellschaft soll das sein?**

Der sächsische Ministerpräsident...ich zitiere: 5. Mai 2020. ‚Niemand wird in Deutschland gegen seinen Willen geimpft. Auch die Behauptung, dass diejenigen, die sich nicht impfen lassen, ihre Grundrechte verlieren, ist absurd und bösartig. Lassen sie uns Falschnachrichten und Verschwörungstheorien gemeinsam entgegentreten.'

Na, was denn nun? Geimpfte bekommen ihre Grundrechte zurück, heißt es ein Jahr später! Und, als sie merkten was sie da plappern, hieß es schnell nicht mehr Grundrechte, sondern ein Stück Normalität und letztendlich Erleichterungen. Aber was bedeutet es, wenn Sie nur mit Impfnachweis das Grundrecht auf Bewegungs- und Reisefreiheit erhalten?

Ich rufe den Satz von RKI Chef Herrn Wieler ins Gedächtnis: ‚Also wir gehen alle davon aus, dass ... Impfstoffe zugelassen werden. **Wir wissen nicht genau wie die wirken, wie gut die wirken, was sie bewirken.**' Noch haben wir eine vorübergehende Zulassung der Impfstoffe, das heißt, die Studien laufen noch!

Das Paul-Ehrlich-Institut, hat darüber informiert, dass diese Impfung eine Infektion nicht verhindert. Die Menschen können sich also weiterhin infizieren und andere anstecken.

Wir haben jedoch die Erfahrung gemacht, dass Menschen nach einer Grippeschutzimpfung, trotzdem schwere Verläufe einer Grippe hatten.

Das ist die Grundlage für die Gewährung oder Einschränkung ihrer Grundrechte? Das ist Willkür.

Wie viele von uns sind ohne Symptome durch Corona gegangen, hätten Antikörper bilden können und würden somit zur Herdenimmunität beitragen.

Hier kam das Virus im Februar 2020 über uns. Grippe gab es keine. Also war es Corona. Stimmt's oder habe ich recht? Es betraf viele im Ort, Kinder, Lehrer usw. Wo bleibt der Test? Wo bleiben deren Grundrechte? Müssen die sich erst neu infizieren oder impfen lassen? Damals gab's noch keinen Test. Das sind alles Genesene, die zur Herdenimmunität beitragen. Oder?

Von wem bekomme ich nun den Ritterschlag, um mich auf der freien Wildbahn bewegen zu dürfen?

Denken sie bitte an die Gesunden! Das sind weit über 90 % der Bevölkerung. Was ist mit denen? Drin lassen? Rauslassen? Auch die Persönlichkeitsrechte sind durch das Völkerrecht gedeckt. Steckt in diesen Politikern nun ein kleiner Hitler oder nicht?

Betrachten wir dieses Verhalten im Vergleich zu früheren Pandemien, wie der Asiatischen Grippe 1957 oder der Honkong-Grippe 1968, kann man ohne weiteres erkennen, dass über die in unserer Zeit allgegenwärtigen Medien eine Angst-, eine spezifische Phobie erzeugt wurde, die bisher nicht vorstellbar schien.

Wenn es so wäre, dass die Menschen von Knall auf Fall wie die Fliegen sterben, würden die Warenströme sofort zusammenbrechen, da nur noch die Waghalsigen unterwegs wären. Die Polizisten würden Abstand zu den Demonstranten halten, sich auf keinen Fall auf sie stürzen, um selbst am Leben zu bleiben und die Menschen würden ein Geschäft erst betreten, wenn es leer und frisch gelüftet worden wäre. Das wäre eine Todbringende Pandemie.

Die Schweiz erklärte Sachsen und Indien Mitte April 2021 fast gleichzeitig zum Hochinzidenzgebiet. Wieso eigentlich die Schweiz? Wieso Sachsen und Indien? Das indische Gesundheitssystem ist so kaputt, dass da offensichtlich Scheiterhaufen brennen, wenn man den Berichten Glauben schenken darf. Aber Sachsen?

Die Krebserkrankungen hingegen ziehen eine Spur des Todes durch das Land!

Wäre es im Land üblich, eine schwarze Fahne am Rathaus für diese Krebstoten zu hissen, man bräuchte sie nicht mehr abnehmen.

Die Pandemien sind allesamt der Profit- und steuerorientierten Globalisierung und der Konzentration von Menschen und Tieren auf engem Raum geschuldet und der Tatsache, dass **die Menschen immer noch systemisch gezwungen werden mehr zu produzieren und zu verbrauchen, als für sie zum Leben nötig** wäre.

Wie weit sind wir gekommen, wenn Bürger, wegen ihrer Kritik an der Politik, offiziell von Parlamentariern lauthals als Faschisten bezeichnet, sogar von Gewerkschaften befürwortet entlassen werden? Diese Fanatiker wurden durch den „Rechtsstaat" dazu befähigt. Die Demokratie mutiert zum Volksverhetzer, Einpeitscher, zum Spalter des Volkes. Die Immunität solcher Abgeordneter hätte aufgehoben werden und man hätte sie mindestens zur Räson bringen, wenn nicht wegen Volksverhetzung anklagen müssen. Damit wurde Radikalität legitim!

Eine Radikalisierung, angestachelt durch gewissenlose Politiker, bahnt sich den Weg. Waren es einmal die Schaufenster jüdischer Geschäfte, so sind es heute auch mal die Scheiben einer Dresdner Buchhandlung und die Bücher (!) die angepeitscht durch parlamentarische Volksverhetzer, zu Bruch gehen, nur weil die Menschen für Meinungsfreiheit eintreten.

Schauen sie bitte auf die Probleme mit der unnatürlichen und organisierten Zuwanderung!

Die Entscheidung der Grenzöffnung für Europa war ebenso politisches Kalkül und wachstumsorientiert.

Aus eigener Erfahrung weiß ich, dass Vertreibung und Umsiedlung für viele Menschen eine Katastrophe sind. Sie verlieren alles. Ihre Kultur, ihre Sprache, ihre Heimat, ihren Besitz und ihren Kontakt zu ihrer Vergangenheit, zu ihren Vorfahren. Sie spüren die Leere, die sich auftut in einer fremden Welt.

Die Menschen wechseln nicht nur den Ort. Sie wechseln in eine andere Zeit. Dieser neue Lebensraum hat sich in Produktion, Kultur und in den einfachsten Dingen des Alltags ganz anders entwickelt. Erfahrungen, an der Seite unserer Vorfahren, unter ganz anderen, auch klimatischen, Bedingungen, werden nutzlos. Selbst wenn die Eltern mit in dieser neuen Welt leben, verliert man sie. Die Kinder werden die andere Sprache lernen, eben jene, in die der Geschädigte, dann mit Flüchtlingsstatus, entsprechend einer Quote angesiedelt wurde. Die Menschen verlieren ihre Identität.

Denken sie doch an die Quote! Da entscheidet jemand, wohin sie kommen, wo sie angesiedelt werden, wo auf der Welt ihr Platz ist. Sie werden wie in der Sklavenhalterordnung oder dem Feudalismus einer Verwendung zugeführt. Interkontinental. Also wenn das nicht faschistisch ist. So etwas als solidarisch zu verkaufen ist rotzfrech.

Da diese Umsiedlung nicht auf natürlichem Weg, sondern durch Krieg und Unterdrückung, auch Ausbeutung initiiert wurde, ist es keine Solidarität. Es ist ein Verbrechen gegen die Menschlichkeit.

Ich zitiere das Völkerrecht: ‚**Alle Völker können für ihre eigenen Zwecke frei über ihre natürlichen Reichtümer und Mittel verfügen,** unbeschadet aller Verpflichtungen, die aus der internationalen wirtschaftlichen Zusammenarbeit auf der Grundlage des gegenseitigen Wohles sowie aus dem Völkerrecht erwachsen. In keinem Fall darf ein Volk seiner eigenen Existenzmittel beraubt werden.‘ Was geht da ab. Entweder gleich mit militärischen Mitteln, die völkerrechtswidrigen Kriege sind bekannt oder über Schulden.

Ich habe keine Ahnung warum das Menschen ausblenden können und überhaupt nicht wahrnehmen. Da müsste der Psychiater ran.

Auf dem heutigen Stand ihrer Hilflosigkeit, ihrer eingeschränkten Selbständigkeit, warten die Menschen auf die ‚Lösung' des Problems, sie beschränken sich immer mehr auf das Glauben!

Glaube ist eine gefühlsmäßige Überzeugung und unbedingte Gewissheit, die sich nicht auf Fakten und Beweise stützt. Glaube ist auch ein für Wahrhalten eigener Wahrnehmungen.

Wahrnehmung wiederum ist das subjektive Ergebnis der Informationsgewinnung und deren Verarbeitung. Es formt sich im Gehirn ein Bild, welches abgerundet, auf dem persönlichen Level, zu einem sinnvollen Gesamteindruck führt.

Heute noch über die Endgeräte PC, Handy, TV-Gerät vermittelt, wird es in der Zukunft über einen elektronischen Adapter im Gehirn des Menschen möglich sein, diesen sinnvollen Gesamteindruck zu vermitteln.

Wer das in der Hand hält, es beherrscht, hat die Macht. Demokratische Abläufe werden damit zur Farce, da sie sich auf Suggestionen stützen, welche wiederum nicht überprüfbar sind.

Umfragen und Wahlen – alles eine Show!

Der Menschenmassen Geist löst sich aus der Physis des Körpers und schwebt amputiert in der eigens dafür geformten individuellen Welt, digital zugeschnitten auf die Frau, den Mann, das Kind.

Das was über die Medien publiziert wird ist real, es ist wahr. Ich lasse zu, dass es über meine Sinnesorgane zur Speicherung in meinem Gehirn Platz findet und die Summe der Informationen, verbunden mit den digitalisierten

Tagesabläufen, dem tatsächlichen Tun, ein sinniges Bild ergibt. Ich glaube an das System des Geldes.

Der Witz ist, es ist okay, Sie können daran glauben, genauso wie Sie an das Gute im Menschen glauben. Viele von uns Menschen leben besser als Barone und Könige vergangener Tage. Aber diesem System vertrauen, das dürfen die Menschen doch nicht. Dazu benötigen sie mindestens einen Taschenrechner und sollte auch von Mengenlehre etwas Ahnung haben. Ich wiederhole, das ist ein Fall für den Psychiater. Der Kapitalismus läuft in unserer Zeit in einem so rasanten Tempo, das der Platz jedes einzelnen Menschen fragil ist. Eine Lebensplanung ist überflüssig, denn die Tatsachen überholen mittlerweile die gesamte Flora und Fauna unserer Erde! **Bei aller freiheitlicher Individualisierung, es geht schon lange nicht mehr um den Einzelnen.**

Ist die Ich – Umwelt – Schranke erst einmal erfolgreich durchbrochen, und das ist sie bei Millionen mutierten Menschen, wird es Zeitgenossen geben, welche sich wie ein Commander auf der Enterprise fühlen, nachdem sie ihren Chip implantiert und den davon abhängigen Reisepass erhalten haben.

Wir können gespannt sein was passiert, wenn ein starres und von subjektiven Befindlichkeiten gestaltetes Bildungssystem auf diese dynamische und durchgeknallte Welt trifft. Es wird Zeit in psychiatrische Einrichtungen zu investieren und Aktien dieser Art vorbörslich anzubieten.

Eine Minderheit des Volkes, vielleicht da sie sich bildet oder das Leben gerade mit den Viren den Bach runtergeht, der rote Faden des Lebens gerissen ist, nachdem er mühsam gefunden wurde, wehrt sich, geht auf die Straße und erfährt seine Machtlosigkeit in der Volksherrschaft.

Die Menschen mutieren zum Tier, treudoof wie ein angeleinter Hund, blicken sie nach oben und erwarten die Befehle in der Hoffnung auf Belohnung.

Hebt die Regierung den Finger, zuckt die Masse vor dem Endgerät. So nah ist sie!

Wenn Du geimpft bist, darfst Du raus! Natürlich zweimal geimpft, eigentlich dreimal und dann alle halben Jahre, so die Impfstoffhersteller.

Mit dem weltweiten Verimpfen von Impfstoffkandidaten wird nun wirklich die Büchse der Pandora geöffnet.

Jeder Kapitän benötigt für die Ausführung seines Berufes eine Zulassung, in Form eines Patentes. Der deutsche Kahn wurde geentert und nun lotsen uns die **abhängigen Politiker und Investmentfonds** durch die weltweite Wirtschafts- und Finanzkrise. Ehrlich, wenn wir diese Leute nicht bald von der Brücke holen, sehe ich schwarz.

Werfen wir bitte einen Blick in die Geschichte. **Das Christentum,** als Rahmen für ein sinnerfülltes Leben, wurde von Herrschern und ihren Politikern **als Waffe** gegen die Germanen und andere Völker eingesetzt. Es diente **der Unterwerfung und der Enteignung.**

Genauso und nicht anders bedient sich die Merkel – Regierung, eines Musters, einer Erzählung, welche die Menschen im Glauben wiegen soll. Klima, Solidarität, Genderpolitik und nun auch Viren, werden als Waffe

gegen das Volk eingesetzt. Schauen sie genau hin. Unserem Planeten nutzt das alles nichts. Im Gegenteil!

In der Zukunft wird es neben genetisch veränderten Pflanzen auch genetisch veränderte und in elektronische Systeme integrierte Menschen geben. Im Zustand einer, durch die mächtigsten Köpfe der Menschheit festgestellten Überbevölkerung, ein Graus.

Haben sie schon mal etwas von dem RNA Virus mit dem Namen **West Nile Fieber** gehört? Das breitet sich in den letzten Jahren in Südeuropa und Nordamerika aus. Ich zitiere aus einer Pressemitteilung aus dem Jahr 2019:

‚Das Risiko weiterer Fälle nimmt derzeit ab, da die Zahl der Mücken im Herbst zurückgeht. In den kommenden Sommern müssen wir jedoch mit weiteren West-Nil-Virus-Infektionen rechnen', sagt Lothar H. Wieler, Präsident des Robert Koch-Instituts. Infektionen beim Menschen verlaufen zu ca. 80 % ohne Symptome, bei knapp 20 % mit meist milder und unspezifischer Symptomatik wie Fieber oder Hautausschlag. Nur bei unter 1 % aller Betroffenen – in der Regel bei Älteren mit Vorerkrankungen – kommt es zu einer Hirnhautentzündung (Meningitis) oder seltener zu einer Entzündung des Gehirns (Enzephalitis), **die tödlich enden kann.** Impfstoffe oder eine spezifische Therapie für Menschen gibt es bislang nicht.

Na, das können Sie Eins zu Eins auf das Coronavirus und seiner Behandlung umlegen. **Ich will damit nur sagen, dass es noch mehr Viren gibt!**

Wissen Sie welcher Genotyp sie sind? Wissen Sie, ob Sie weniger oder mehr gefährdet sind? Wissen Sie, ob Sie immun sind? Haben Sie sich von einem qualifizierten **Facharzt für Humangenetik** untersuchen und beraten lassen? **Oder wissen Sie nicht was Sie tun?**

Es soll über Jahre geimpft werden. Es sollen möglichst alle geimpft werden. Es werden Betriebe zur Impfstoffherstellung gebaut. „Mobile Impfkommandos" sollen an Schulen und Kitas „angreifen".

Geimpfte mit vollständiger Schutzimpfung und Genesene werden den Ungeimpften dann wieder gleichgestellt, wenn sie SARS-CoV-2 Krankheitssymptome aufweisen, Kontakt zu einer Person hatten, die mit einer in Deutschland noch nicht verbreitet auftretenden Virusvariante infiziert ist oder nach einer Einreise aus einem ausländischen Virusvarianten-Gebiet.

Als **Genesenennachweis** gilt ein Nachweis hinsichtlich des Vorliegens einer vorherigen Infektion mit dem SARS-CoV-2 Virus, wenn die zugrundeliegende Testung durch Labordiagnostik mittels Nukleinsäurenachweis erfolgt ist und mindestens 28 Tage **sowie maximal 6 Monate** zurückliegt.

(Vgl. Quelle: Staatsministerium für Kultur des Freistaates Sachsen; 11. Mai 2021)

Hinzuzufügen wäre, dass eine Erstimpfung ebenfalls für 6 Monate Freiheiten gewährt und nach der Zweitimpfung im Jargon der Medien Immunität, sachlich richtig, jedoch eine vollständige Schutzimpfung vorliegt. Ein himmelweiter Unterschied.

Über 57 000 Menschen wurden nach der Impfung positiv getestet, von denen über 33 000 an COVID erkrankten. Hinzu kommt die Erwartung der nächsten -saisonalen – Welle und selbstverständlich ein verändertes Virus, sodass, wie bei Viren üblich, auch ein angepasster Impfstoff verabreicht werden müsste, um von der „Neuen Normalität" erneut in die alte Normalität wechseln zu dürfen.

Nach offiziellen Zahlen des Gesundheitsministeriums gibt es im Vergleich zu nicht nur vorübergehend zugelassenen Impfstoffen eine stark erhöhte Sterblichkeit, an oder mit COVID, nach der Impfung. Während normalerweise 1 Toter bei 1 Million Geimpften registriert wird, liegt das Verhältnis bis Anfang Mai 2021 bei 8 Millionen Geimpften und 2707 Toten nach einer Impfung extrem hoch, denn in diesem Zeitraum starben rund 50 000 Menschen, an oder mit Corona und somit rund 5% davon nach einer Impfung, also im Verhältnis zur Gesamtbevölkerung, mehr als überhaupt an diesem Virus erkranken. Gezählt werden nur Todesfälle, die innerhalb von 30 Tagen nach der Impfung auftraten. Über 6200 Menschen mussten nach einer Impfung ins Krankenhaus zur Behandlung.

Es ist im Grunde jedem Menschen sein eigenes Ding, wie er damit umgehen will. Das **SARS-CoV-2 Virus ist ein gefährliches Virus**, vielleicht für 1% der Bevölkerung. 2% bis 4% der intensivmedizinischen Kapazitäten wurden 2020, bei deutlichen Differenzen in zeitlicher und räumlicher Hinsicht, genutzt! (Quelle: 3. Ad hoc – Stellungnahme 16. Mai 2021; Kontakt Prof. Dr. med. Matthias Schrappe) Dennoch wurde der Teufel an die Wand gemalt und politische Maßnahmen zur

Drangsalierung der Bevölkerung durchgesetzt. **Die epidemiologische Lage wurde missbraucht, um politische Interessen, auch gegen die Bevölkerung durchzusetzen. Grund dafür ist die Weltwirtschaftskrise und die damit verbundene Kriegsgefahr.**

Absolut grundlos wurde unter der Bevölkerung Angst und Schrecken verbreitet. Denken Sie an die völlig überzogene Polemik und mediale Verbreitung **der „TRIAGE"! Eine Einteilung der Menschen in Überlebensfähige und dem Tod Geweihte**, aus Platzgründen auf Intensivstationen.

Diese Verängstigung hat Menschen gehindert zur notwendigen Vorsorge zu gehen und hat Betten für dringende Operationen blockiert. **Die finanziellen Anreize lockten „Ärzte in Not" und Krankenhäuser in „ökonomischer Schieflage" vom hippokratischen Eid abzufallen, um Merkels Fiskalstaat zu gefallen.**

Der Fiskalstaat ist eine Diktatur! Der Fiskalstaat geht über Leichen!

Bei Kindern hört jedoch die profitable Impfwut der Gesundheitswirtschaft auf. **Hände weg von unseren Kindern!**

Seit Jahren beweisen Statistiken (Quelle: Fachzeitschrift Human and Experimental Toxicology), dass ausgerechnet in den Industrienationen die **Kindersterblichkeit mit der Anzahl der Impfungen steigt**, obwohl die Grundversorgung, sauberes Wasser, gesunde Nahrung usw., gewährleistet ist. Es konnte nachgewiesen werden, dass zusätzliche Impfungen eine toxische Belastung darstellen.

Merkel und ihr Team wissen vor Dummheit nicht, was sie in der Weltwirtschaftskrise noch verkaufen könnten, um sich Investoren anzubiedern. Sie äffen die USA nach. Dort erhalten Kinder im ersten Lebensjahr 26 Impfungen. Was für ein Geschäft.

Was folgt, ist die Entnahme und Speicherung der biometrischen Daten, mit dem künftig routinemäßigen Abstrich die Entnahme und Speicherung der DNA und, vielleicht im Rahmen einer tödlichen Pandemie, die Erhöhung der Bereitschaft des Einzelnen, seine Organe zur Verfügung zu stellen.

Jetzt gehen sie uns an die Wäsche!

Dolores Albarracin, Psychologieprofessorin an der University of Illinois wurde in einem Artikel der TAZ zitiert.

‚Wir neigen dazu, selektiv Belege und Bestätigungen für unsere Überzeugungen zu suchen. Die evidenzbasierte Wissenschaft arbeitet – idealerweise – genau andersherum. Sie falsifiziert (widerlegen) bis ein Fakt übrigbleibt.'

Den ‚Fakt' im Fall der immunisierenden Vakzin - Impfung blieben Hersteller und Politiker schuldig. Die Studien laufen…

Mein Großvater, seinerzeit selbständiger Bauer, hatte einmal erwähnt, dass es möglich sei, Bläschen auf der Lippe dadurch zu bekämpfen, indem man frischen Hühnermist mit dem Finger unter die Lippe schmiert. Selbstverständlich mussten wir darüber lachen. Das war noch Normalität.

Wenn ein Gesundheitsminister gleiches in der Corona - Krise empfehlen würde, könnte der Hühnermist knapp werden!"

*

„Darf ich Sie etwas fragen bitte? Warum setzen Sie sich damit auseinander. Das ist doch stressig!"

„Ich habe Kinder, das ist alles! Sie sind von klein auf durchgeimpft und haben selbstverständlich einen Impfausweis. Unser Kinderarzt ist Mitglied der Impf-Kommission und hat uns immer gut beraten. Das Gleiche gilt für die Erwachsenen. Wir wüssten nicht einmal, wann die Tetanusimpfung wiederholt werden muss, wenn wir keine Ordnung hätten. Im Gegensatz zum Westen, der signifikant hinterherhinkt, haben wir damit einen großen Beitrag zur Ausrottung von Krankheiten geleistet, die sich heute leider durch diese Schlamperwirtschaft wieder ausbreiten. Suchen Sie das Gespräch mit Ihrem Hausarzt. Er kann ein Lied davon singen.

Denken Sie bitte an ein Fohlen. Legen Sie diesem in den ersten Lebenstagen einen Strick um den Hals, wird es kaum erfahren, dass es stärker ist als der Mensch. Wachsen Menschen mit dieser „Neuen Normalität" heran, werden sie nicht erfahren, was Freiheit ist! Sie wissen die Würde des Menschen…!

Die Politiker nutzen längst die Algorithmen der Quantenphysik. Alles um uns herum bleibt im Verschwommenen, für den Menschen nicht fassbar. Viele Teile, von denen die Menschen, mir scheint die meisten

Teile nicht wahrnehmen können, ergeben ein noch undurchsichtigeres Ganzes, welches sich dynamisch in Raum und Zeit bewegt und von einer Minderheit beherrscht wird. Die Verschmelzung von IT-und Quantenphysik ist eine Revolution, deren Logik wir bereits zu spüren bekommen.

Unsere Welt, wie wir Menschen sie seit Millionen Jahren wahrnehmen, wird mit bloßen Auge, ohne Hilfsmittel (!) nicht mehr erkennbar sein. Sie wird in den Hintergrund treten. Der Mensch wird steuerbar.

Das Problem: unsere politische Klasse ist von der Krankheit der Lüge befallen!

Wie in dieser Pandemie, werden wir alle hin – und her gestoßen und mutieren zu Quanten – Teilchen.
Freiheit wird abstrakt und döst im Zustand der Wahrscheinlichkeit.

Die parlamentarische Demokratie ist am Ende! Wir benötigen kein Parlament und keine Wahlen. Kein Links und kein Rechts. Die Welt im Quantenzustand!

Auch hierbei gilt: Wir wissen nicht, wie es wirkt, aber wir wissen das es wirkt!

Ich frage Sie, wer oder was fährt den Zug, in dem wir sitzen? Wissen Sie es?

Mir wird Angst und Bange, denk' ich an Deutschlands **TRIAGE**, die Einteilung in ökonomisch **überlebensfähige und überflüssige Menschen**. Der Sinn des Lebens schwindet…

*

Na, nun sagen Sie mir, gefällt es Ihnen auf Bockwutcastle? Wir leben hier sehr fortschrittlich, sparsam und der Natur untergeordnet. Eine Maske müssen Sie hier auch nicht tragen.

Die Artenvielfalt zwingt Sie mit einem Insektenführer herumzulaufen. Das natürliche Nahrungsangebot ist so groß, dass sich viele Insekten und Vögel ansiedeln oder vorbeischauen. Sie benötigen keinerlei Pflanzenschutzmittel. Es scheint am Tag und in der Nacht alles im Gleichgewicht. Wussten Sie, dass alle einheimischen Wasserkäfer fliegen können?

Wollen Sie bleiben? Sie könnten Nachtfalter und Fledermäuse sehen."